Mi Salvador y
VECINO

Mi Salvador y VECINO

TAN CERCA QUE PODEMOS TOCARLO.
TAN FUERTE QUE PODEMOS CONFIAR en ÉL.

MAX LUCADO

GRUPO NELSON
Una división de Thomas Nelson Publishers
Desde 1798

NASHVILLE   DALLAS   MÉXICO DF.   RÍO DE JANEIRO

Betania es un sello de Caribe-Betania Editores

© 2003 Caribe-Betania Editores
Una división de Thomas Nelson, Inc.
Nashville, TN — Miami, FL (EE.UU)
www.caribebetania.com

Título en inglés: Next Door Savior
© 2003 por Max Lucado

Publicado por W Publishing,
una división de Thomas Nelson, Inc.

A menos que se señale lo contrario, todas las citas
bíblicas son tomadas de la Versión Reina-Valera 1960
© 1960 Sociedades Bíblicas Unidas en América Latina.
Usadas con permiso.

ISBN-13: 978-0-88113-771-2

Traductor: Ricardo Acosta
Tipografía: Marysol Rodriguez

Impreso en los EE.UU.
Printed in the U.S.A.

14a Impresion, 01/2011

¿Es verdad que Dios habitará con el hombre en la tierra?

—Salomón
2 Crónicas 6.18

Acerca del autor

Max Lucado, ministro de la iglesia Oak Hills Church of Christ en San Antonio, Texas, es el autor de muchos éxitos de librería, incluyendo *Aligere su equipaje,* catalogado como bestseller por el *New York Times*. Es esposo de Denalyn y padre de Jenna, Andrea y Sara.

Para Billy Graham

Mi voz está entre el coro de millones de personas agradecidas.
Gracias por tus palabras.
Gracias por tu vida.

Contenido

SEGUNDA PARTE
No hay lugar adonde Jesús no vaya

Reconocimientos

Mis más calurosas felicitaciones a

Liz Heaney y Karen Hill por corregir, tolerar las depresiones y llevar a cabo el trabajo. No puedo agradecerles lo suficiente por esto.

A Steve y Cheryl Green por planificar a largo plazo, resguardar la puerta y ser los mejores amigos que pueda imaginarme.

A Susan Perry por traer gozo (y alimento) a nuestro mundo.

A la familia de la Iglesia Oak Hills por enviar lluvias de ánimo y un diluvio de oraciones.

A Laura Kendall y Carol Bartley por sus correcciones y perspectivas exactas.

A Steve Halliday por sus guías de estudio que siempre ayudan a reflexionar.

Al Publishing Group por ver mucho más de lo que veo. ¡Ustedes son los mejores!

Al equipo Up Words por su incansable trabajo tras bastidores.

A Bill Hybels le agradezco por hacer público el secreto de Mateo, y más aún por vivirlo.

A Charles Prince por haberme entregado joyas de conocimiento y un cofre lleno de amabilidad.

A Todd Phillips por sus oportunas apreciaciones y su valiosa manera de estimular.

A mis hijas Jenna, Andrea y Sara. Si alguna vez dudara de la bondad de Dios, lo único que debería hacer es mirarlas a ustedes. Gracias por ser las mejores hijas del mundo.

A mi esposa Denalyn. Si el amor fuera una montaña, mi amor por ti serían los Alpes. Te amaré toda la vida.

A usted, querido lector, que ojalá se encuentre a salvo en el vecindario de Jesús.

Y a ti, amado Jesús, mi eterno agradecimiento por intervenir en esto.

I

Nuestro Salvador y vecino

Viniendo Jesús a la región de Cesarea de Filipo, preguntó a sus discípulos, diciendo ¿Quién dicen los hombres que es el Hijo del Hombre? Ellos dijeron Unos, Juan el Bautista, otros, Elías, y otros, Jeremías, o alguno de los profetas Él les dijo Y vosotros, ¿quién decís que soy yo? Respondiendo Simón Pedro, dijo Tú eres el Cristo, el Hijo del Dios viviente

Mateo 16.13-16

Las palabras resuenan en el aire como el tañido de una campana. «¿Quién decís que soy yo?» El silencio cunde entre el grupo de seguidores. Natanael se aclara la garganta. Andrés baja los ojos. Juan se muerde una uña. Judas parte una brizna de pasto. Él no dirá lo que piensa. Pedro sí; siempre lo hace.

Pero al principio Pedro hace una pausa. La pregunta de Jesús no es nueva para él.

Sin embargo, las primeras mil veces el apóstol se guardó para sí la pregunta.

¿Aquel día en Naín? Pedro se hizo la pregunta. Cuando pasan cortejos fúnebres la mayoría de las personas callan. Bocas cerradas. Manos cruzadas. Silencio reverente. No Jesús. El Señor se acercó a la madre del joven muerto, le susurró algo al oído que la hizo volverse y mirar a su hijo. Ella comenzó a objetar, pero se quedó en silencio. Hizo una señal a los portadores del féretro y les dijo: «Esperen».

Jesús caminó hasta donde estaba el muchacho. Con los ojos al nivel del cadáver, habló. No sobre él, como una oración, sino a él, como una orden: «Joven, a ti te digo, levántate» (Lucas 7.14).

Con el tono de un maestro que ordena sentarse a los estudiantes, o con la autoridad de una madre que dice a sus hijos que no se mojen en la lluvia, Jesús ordenó al joven muerto *que no estuviera muerto*. Y el muchacho obedeció. La fría piel se calentó. Los rígidos labios se movieron. Las blancas mejillas enrojecieron. Los hombres bajaron el ataúd, y el joven saltó a los brazos de su madre. Jesús «se lo entregó a su madre» (versículo 15).

Una hora después Jesús y su gente estaban cenando. Se rió de un chiste y pidió más pan, y la ironía de todo eso sobresaltaba a Pedro. *¿Quién eres?* Preguntó en tono tan bajo que nadie más que Dios lo pudo oír. *¡Acabas de despertar a un muerto! ¿No deberías estar recubierto de luz, rodeado de ángeles y entronizado más alto que mil césares? No obstante, mírate… usas ropa común, te ríes de mis chistes y comes lo que todos comemos. ¿Es esto lo que hacen los vencedores de la muerte? De veras, ¿quién eres?*

Luego fue la tormenta. Era una tormenta de abrázate al mástil y dale un beso de despedida a la barca. Las olas de tres metros lanzaban primero a los discípulos hacia adelante y luego hacia atrás, y dejaban la barca con el agua hasta los tobillos. El rostro de Mateo palidecía en las sombras de la tarde. Tomás se aferró con todas sus fuerzas a la popa. Pedro sugirió que oraran el Padrenuestro. Mejor aún, que el Señor los dirigiera en el Padrenuestro. Fue entonces cuando oyó al Señor.

Ronquidos.

Jesús dormía. Recostado en la proa. La cabeza inclinada hacia delante. La barbilla golpeaba el esternón cuando el casco rebotaba sobre las olas. Pedro gritó: «¡Jesús!»

El carpintero despertó y miró hacia arriba. Se secó el agua de los ojos, infló ambas mejillas con un suspiro y se puso de pie. Primero levantó la mano, luego la voz, y en menos de lo que canta un gallo el mar se calmó. Jesús sonrió y se sentó, y Pedro lo miró fijamente y se preguntó: «¿Quién es este, que aun el viento y el mar le obedecen?» (Marcos 4.41).

Esta vez Jesús es quien plantea el interrogante: «¿Quién decís que soy yo?» (Mateo 16.15).

Quizás la respuesta de Pedro tenía el tono de un presentador del noticiero de las seis. Cejas arqueadas. Un poco sonriente. La voz de barítono de James Bondish: «Creo que eres el Hijo de Dios». Pero lo dudo.

Puedo ver que Pedro raspa el piso con los pies. Se aclara la garganta. Menos alarde, traga más saliva. Traga saliva. Mas como el primer salto de un paracaidista desde el avión.

—Estás listo para saltar —se le pregunta.

—Este… esto… yo… este…

—¿Quién dices tú que yo soy?

—Yo… este… creo que… «tú eres el Cristo, el Hijo del Dios viviente» (Mateo 16.16).

Si Pedro vacilaba, uno no puede culparlo. ¿Cuántas veces llama uno Hijo de Dios a un clavaclavos de un pueblo insignificante?

Algo no calzaba en el panorama.

Solíamos ver tales escenas en la escuela primaria. Para mantenernos ocupados, la maestra nos pasaba dibujos con la pregunta al final: «¿Qué está mal en este dibujo?» ¿Los recuerda? Buscábamos fijamente algo que no calzara. Una escena de un corral con un piano cerca de un abrevadero. Un salón de clases con un pirata sentado en la última fila. Un astronauta en la luna con un teléfono público al fondo. Analizábamos el dibujo y señalábamos el piano, el pirata o el teléfono, y decíamos: «Esto no concuerda». Algo está fuera de lugar. Algo es absurdo. No hay pianos en los corrales. En los salones de clases no se sientan piratas. No se encuentran teléfonos públicos en la luna, y Dios no entabla amistad con gente común ni ronca en barcas de pescadores.

Sin embargo, según la Biblia, Dios hizo eso. «Toda la plenitud de la divinidad habita en forma corporal en Cristo» (Colosenses 2.9 NVI). Jesús no era un dios parecido al hombre, ni un hombre parecido a Dios. Era Dios-hombre.

5

Un carpintero le sirvió de partero.

Una joven común y corriente lo bañó.

El hacedor del mundo con un ombligo.

Al autor de la Tora le enseñaron la Tora.

Humano celestial. Y porque lo fue nos quedamos rascándonos la cabeza, medio pasmados, preguntándonos: «¿Qué hay de malo en este cuadro?» Momentos como estos:

Buen vino de Burdeos en vez de H_2O.

Un lisiado patrocina la danza del pueblo.

La merienda de un niño satisface cinco mil barrigas.

Además, una tumba: vigilada por soldados, sellada con una roca, y sin embargo un hombre que lleva tres días muerto la abandona.

¿Qué hacemos con tales momentos?

¿Qué hacemos con *tal persona*? Aplaudimos a la gente por hacer cosas buenas. Adoramos a Dios por hacer grandes cosas. Pero, ¿qué cuando un hombre hace cosas de Dios?

Una cosa es segura: no podemos hacer caso omiso de ese hombre.

¿Por qué no? Si estos momentos son fácticos, si la afirmación de Cristo es verdadera, Él es hombre y Dios al mismo tiempo.

Helo aquí. El individuo más importante que ha existido. Olvídese del jugador más valioso. Él es toda la liga. ¿El que va a la cabeza del desfile? De eso nada. No comparte la calle con nadie. ¿Quién se le mide? A su lado lo mejor y lo más brillante de la humanidad pierde brillo como los rubíes de una tienda de baratijas.

¿Desestimarlo? No podemos.

¿Rechazarlo? Igualmente difícil. ¿Acaso no necesitamos un salvador que sea Dios y hombre? Un Jesús sólo Dios podría hacernos, pero no comprendernos. Un Jesús sólo hombre podría amarnos, pero no salvarnos. Pero, ¿un Jesús Dios-hombre? Suficientemente cerca para tocarlo. Suficientemente fuerte para confiar en Él. Un Salvador y vecino.

Un Salvador que para millones es irresistible. Nada se compara a «la excelencia del conocimiento de Cristo Jesús, mi Señor» (Filipenses 3.8). El premio del cristianismo es Cristo.

¿Viaja usted al Gran Cañón del Colorado por la camiseta de recuerdo o por la bola de plástico con copos de nieve que se mueven al agitarla? No. El premio del Gran Cañón del Colorado es el Gran Cañón del Colorado. La emoción de saber que somos parte de algo antiguo, espléndido, poderoso y más grande que nosotros.

Lo importante del cristianismo es Cristo. No es dinero en el banco ni un auto en el garaje ni un cuerpo sano ni una mejor imagen de sí mismo. Quizás frutos secundarios y terciarios. Sin embargo, el Fort Knox de la fe es Cristo. Comunión con Él. Caminar con Él. Cavilar en Él. Explorarlo. Es la sobrecogedora comprensión de que uno es parte de algo antiguo, eterno, imparable e inconmensurable. Y que Él, que puede cavar un Gran Cañón del Colorado con el meñique, piensa que uno es digno de que Él muera en un madero romano. Cristo es el premio del cristianismo. ¿Por qué más lo haría Pablo su anhelo supremo, «a fin de conocerle»? (Filipenses 3.10)

¿Anhela usted lo mismo? Mi idea es sencilla. Veamos algunos lugares a los que Él fue y algunas personas a las que contactó. Únase a mí en una búsqueda de su condición de Dios-hombre. Se asombrará.

Más importante aun, usted podría cambiar. «Nosotros todos, mirando a cara descubierta como en un espejo la gloria del Señor, somos transformados de gloria en gloria en la misma imagen, como por el Espíritu del Señor» (2 Corintios 3.18).

A medida que lo contemplamos, nos volvemos como Él.

Experimenté por primera vez este principio cuando un cantante de ópera visitó nuestra iglesia. No parecía que tuviera la voz educada. No podía saberse al verlo con su abrigo y sus mocasines de pana. No llevaba esmoquin, faja ni corbata de seda. Su apariencia no hacía levantar las cejas, pero su voz sí. Me di cuenta. Estaba en la banca detrás de mí.

El vibrato del cantante hacía vibrar dentaduras postizas y sacudir vigas. Trató de contenerse, pero ¿cómo se puede esconder una tuba en un cuarto de flautines?

Me sobresalté por un instante. Pero me inspiré en menos de una estrofa. Envalentonado por el volumen de su voz, levanté la mía. ¿Canté mejor? Ni siquiera me pude oír. Mis trinos se perdían en su talento. No obstante, ¿intenté más arduamente? Claro que sí. Su poder sacó lo mejor de mí.

¿Necesita su mundo un poco de música? Si es así, invite a un barítono celestial a soltarse. Tal vez parezca tan común como su vecino, pero espere a ver lo que puede hacer. Quién sabe. Unas pocas canciones con él podrían cambiar el modo en que usted canta.

Para siempre.

Primera Parte

No hay persona a quien él no vaya a tocar

A casi todo el mundo le cuesta aprender a atarse los zapatos. Poner crema dental en un cepillo fue bastante difícil, pero ¿amarrarse uno los zapatos? Nada fácil. Además, ¿quién los necesita? Use mocasines. Ande descalzo. De todos modos, ¿a quién se le ocurrió la idea de los zapatos?

Tampoco ayudan las rodillas. Siempre en la cara. Hay que inclinarse alrededor de ellas, hacerlas a un lado, nadie puede concentrarse.

Además, ah, ¡el consejo! Todo el mundo tiene un método distinto. «Haz un árbol con el cordón, y deja que la ardilla entre al hueco». «Forma la oreja de un conejo, y luego envuélvela con un lazo». Papá decía: «Más rápido». Su tío le dirá que se tome su tiempo. ¿No se pueden poner de acuerdo? Solo en una cosa. Hay que saber cómo hacerlo.

Aprender a amarrarse los cordones es un rito de la edad. La primera atadura de cordones ocurre entre primer grado y la primera bicicleta. Sin embargo, qué horroroso es el proceso...

Exactamente cuando usted cree que ha hecho los lazos y ha circundado el árbol toma unas orejas de conejo en cada mano, da un triunfante tirón y, ¡cielos!, un nudo. Sin saberlo, acaba de iniciarse en la realidad.

Mi amigo Roy solía sentarse en una banca del parque durante

algunos minutos cada mañana. Le gustaba ver a los chicos reunirse y jugar en la parada del autobús. Un día observó a un chiquillo, de quizás cinco o seis años, que luchaba por subirse al bus. Mientras los demás subían, él estaba agachado, intentando frenéticamente desenredarse un nudo en los cordones. Cada vez se ponía más ansioso, y sus ojos desesperados iban con rapidez de los zapatos al transporte.

De repente fue demasiado tarde. La puerta se cerró.

El niño volvió a ponerse de cuclillas y suspiró. Entonces vio a Roy. Con ojos llorosos miró al hombre sentado en la banca y preguntó: «¿Desata usted nudos?»

A Jesús le encanta esa petición.

La vida se enreda. La gente se mete en líos. Uno nunca es tan grande como para no sentir la necesidad de mirar hacia arriba y decir: «¡Auxilio!»

Jesús tenía la costumbre de aparecer en tales momentos. La barca vacía de Pedro. El corazón vacío de Nicodemo. A Mateo le preocupan sus amigos. Una mujer tiene un problema de salud. Mire quién aparece.

Jesús, nuestro Salvador y vecino.

—¿Desata usted nudos?

—Sí.

2

El tema musical de Cristo

Toda persona

La mayoría de las familias ocultan sus secretos familiares. Casi no hablan del tío estafador ni de la tía abuela prostituta. Tales historias son tabú en las reuniones familiares, y no hay registro de ellas en la Biblia familiar.

Así es a menos que usted sea el Dios-hombre. Jesús muestra las manzanas podridas de su árbol familiar en el primer capítulo del Nuevo Testamento. Usted apenas ha empezado el evangelio de Mateo cuando se da cuenta de que Jesús es de la sociedad de la aureola inclinada. Rahab era una ramera de Jericó. El abuelo Jacob era tan taimado como para merecer un brazalete eléctrico en el tobillo. David tenía una personalidad tan irregular como una pintura de Picasso, un día escribía salmos y al siguiente seducía a la esposa de su capitán. Sin embargo, ¿borró Jesús su nombre de la lista? Absolutamente no.

Cualquiera pensaría que debió hacerlo. La revista Cotorreando podría sacar durante toda una temporada chismes de estas historias. ¿Por qué Jesús colgaría la ropa sucia familiar en el tendedero del vecindario?

Porque nuestras familias tienen algunas también. Un tío con antecedentes penales. El papá que no regresó a casa. El abuelo que se fugó con la compañera de trabajo. Si nuestro árbol familiar tiene frutos podridos, Jesús desea hacernos saber algo: «Yo pasé por eso».

La frase «Yo pasé por eso» está en el coro del tema musical de Cristo. Jesús susurra al solitario: «Yo pasé por eso». Ante el desanimado, asiente con la cabeza y suspira: «Yo pasé por eso».

Observe simplemente el pueblo natal de Cristo: un caserío aletargado, humilde y olvidado.

¿Adónde iremos para encontrar paralelo en nuestro mundo? Saldríamos de los Estados Unidos. Pasaríamos por algún lado de Europa y la mayor parte de Latinoamérica. Israel no era una superpotencia, una fuerza comercial ni un centro turístico. La tierra que Josué colonizó, y que Jesús amó, ¡apenas la registraba la pantalla del radar del Imperio Romano! Sin embargo, allí estaba. Los soldados del césar la ocuparon. Así como Polonia en la década del 1940 o Guatemala en la década del 1980, las colinas de Judea conocían el rugido de un ejército extranjero. Aunque usted debe dudar si los soldados romanos alguna vez llegaron tan al norte como hasta Nazaret.

Imagine una aldea polvorienta y tranquila. Un lugar que haría decir a la gente: «¿Puede salir algo bueno de _____?» En el caso de Cristo, el espacio estaba lleno con el nombre de Nazaret. Un pueblo nada impresionante en una nación poco impresionante.

¿Dónde encontraríamos hoy día tal lugar? ¿Irak? ¿Afganistán? ¿Burkina Fasso? ¿Camboya? Escoja el que quiera. Encuentre una región semiárida, basada en la agricultura y al margen de cualquier epicentro social. Suba a un jeep y vaya allí a buscar una familia como la de Jesús.

Haga caso omiso de las casas más bonitas de la aldea. José y María celebraron el nacimiento de Jesús ofreciendo dos tórtolas en el templo, la ofrenda de los pobres (Lucas 2.22-24). Vaya a la parte más pobre del pueblo. No asolada por la pobreza ni la indigencia, pero sí humilde.

Busque además una madre soltera. La ausencia de José en la vida adulta de Jesús sugiere que María quizás crió sola a Jesús y sus hermanos. Necesitamos un hogar modesto con una madre soltera y un peón ordinario. Los vecinos de Jesús lo recordaban como un obrero. «¿No es este el carpintero?» (Marcos 6.3).

Jesús tenía manos callosas, camisas manchadas por el sudor y —esto podría sorprenderle a usted— aspecto común. «No hay parecer en él, ni hermosura; le veremos, mas sin atractivo para que le deseemos» (Isaías 53.2).

¿Sonrisa cautivadora? ¿Físico seductor? No. Las cabezas no giraban para mirar cuando Jesús pasaba. Si en algo era como sus coetáneos, tenía un rudo rostro de campesino, piel aceituna morena, cabello corto rizado y nariz prominente. Medía un metro cincuenta y tres centímetros, y pesaba aproximadamente cincuenta kilos.[1] Difícilmente digno de una portada de revistas de físicoculturismo. Según un historiador del siglo III, Orígenes, «su cuerpo era pequeño, ordinario y de contextura delicada».[2]

¿No llama la atención su apariencia y son sencillos sus modales? Así eran los de Jesús. Él pasó por eso.

De linaje cuestionable. Criado en una nación olvidada, entre gente oprimida de una recóndita aldea. Hogar humilde. Madre soltera. Un peón común y corriente con apariencia ordinaria. ¿Podría usted reconocerlo? ¿Ve la casa de adobe con el techo de paja? Sí, la que tiene gallinas en el patio y el adolescente desgarbado que repara sillas en el cobertizo. Dicen que también puede arreglar tuberías.

Jesús pasó por eso.

«Era necesario que fuera en todo como nosotros sus hermanos, pues solo así podía ser misericordioso y fiel sumo sacerdote nuestro ante Dios (misericordioso para con nosotros y fiel para con Dios) al expiar los pecados del pueblo. Y puesto que Él mismo experimentó lo que es sufrimiento y tentación, sabe lo que esto significa y puede socorrernos maravillosamente en nuestros sufrimientos y en nuestras tentaciones» (Hebreos 2.17-18, La Biblia al Día).

¿Es usted pobre? Jesús sabe cómo se siente. ¿Está usted en el peldaño más bajo de la escala social? Él entiende. ¿Ha sentido alguna vez que se aprovecharon de usted? Cristo pagó impuestos a un emperador extranjero.

Jesús pasó por eso. Él comprende el significado de la oscuridad.

Pero, ¿y si la vida que usted lleva no es oscura? ¿Y si usted dirige un negocio, habla a multitudes o dicta clases? ¿Podría relacionarse con Jesús?

Por supuesto. Él reclutó gente y supervisó su propia organización. Setenta hombres, además de diversas mujeres, buscaban dirección en Él. ¿Hace usted presupuestos, preside reuniones y contrata personal? Cristo sabe que el liderazgo no es fácil. Su grupo incluía un celote que odiaba a los romanos y un recaudador de impuestos que había trabajado para ellos. La madre de sus hombres clave exigía trato especial para sus hijos. Jesús comprende el estrés del liderazgo.

¿Se ha sentido usted alguna vez con deseos de escapar? A Jesús le pasó. «Levantándose muy de mañana, siendo aún muy oscuro, salió y se fue a un lugar desierto, y allí oraba» (Marcos 1.35).

¿Ha tenido usted alguna vez tantas exigencias que no tuvo tiempo suficiente para almorzar? Jesús sabe de qué hablo. «Eran muchos los que iban y venían, de manera que ni aun [Jesús y los discípulos] tenían tiempo para comer» (Marcos 6.31).

¿Tiene usted muchos correos electrónicos que contestar, o muchas llamadas que hacer en un día? Cristo pasó por eso. «Se le acercó mucha gente que traía consigo a cojos, ciegos, mudos, mancos, y otros muchos enfermos; y los pusieron a los pies de Jesús, y los sanó» (Mateo 15.30).

¿Y la tensión familiar? «Cuando lo oyeron los suyos, vinieron para prenderle; porque decían: Está fuera de sí» (Marcos 3.21).

¿Lo han acusado a usted falsamente? Los enemigos de Jesús lo llamaron glotón y borracho (Mateo 11.19). La noche antes de morir, «los principales sacerdotes y los ancianos y todo el concilio, buscaban falso testimonio contra Jesús, para entregarle a la muerte» (Mateo 26.59).

¿Le han decepcionado a usted sus amigos? Cuando Jesús necesitó ayuda, sus amigos se durmieron. «¿Así que no habéis podido velar conmigo una hora?» (Mateo 26.40).

¿Inseguro del futuro? Jesús lo estuvo. En relación con el día final de la historia, explicó: «Del día y la hora nadie sabe, ni aun los ángeles de los cielos, sino solo mi Padre» (Mateo 24.36). ¿Puede Jesús ser el Hijo de Dios y no saber algo? Puede, si decide que así sea. Al saber que usted enfrentaría lo desconocido, decidió enfrentar lo mismo.

Jesús ha pasado por eso. Experimentó «sufrimiento y tentación» (Hebreos 2.18, La Biblia al Día). Cristo se enojó tanto que purgó el templo, tuvo tanta hambre que comió granos crudos, se consternó tanto que lloró en público, era tan amante de las diversiones que lo llamaron borracho, fue tan encantador que atraía a los niños, se cansó tanto que durmió en una barca balanceada por la tormenta, fue tan pobre que durmió sobre el suelo y pidió prestada una moneda para ilustrar un sermón, fue tan radical que lo echaron del pueblo, fue tan responsable que cuidó de su madre, fue tan tentado que conoció el aliento de Satanás, y tuvo tanto miedo como para sudar sangre.

Sin embargo, ¿por qué? ¿Por qué el más selecto Hijo del cielo soportaría el más severo dolor terrenal? Para que usted supiera que Él puede entender el clamor de quienes padecen sufrimientos, pruebas y tentaciones (Hebreos 2.18).

Sea lo que fuere que enfrente, Jesús sabe cómo usted se siente.

Hace un par de días veinte mil personas corrimos por las calles de San Antonio con el fin de levantar fondos para las investigaciones del cáncer de mama. La mayoría lo hicimos por generosidad, felices de correr casi cinco kilómetros y de donar algunos dólares a la causa. Algunos corrieron para recordar a un ser querido, otros en honor de un sobreviviente del cáncer. Corrimos por razones distintas. Pero ningún corredor estaba más apasionado que alguien que encontré. Un pañuelo cubría su cabeza calva, y un par de círculos oscuros le ensombrecían los ojos. Ella tenía cáncer. Mientras nosotros corríamos por generosidad, la mujer lo hacía por convicción. Sabía cómo se sienten las víctimas de cáncer, pues ha pasado por eso.

Por consiguiente, Jesús puede entender el clamor de aquellos que padecen sufrimientos, pruebas y tentaciones.

Cuando usted se vuelve hacia Cristo *por* ayuda, Él corre hacia usted para ayudarlo. ¿Por qué? Él sabe cómo se siente usted. Él pasó por eso.

A propósito, ¿recuerda cómo Jesús no vaciló en llamar familiares a sus antepasados? Él tampoco se avergüenza de usted, «porque el que santifica y los que son santificados, de uno son todos; por lo cual no se avergüenza de llamarlos hermanos» (Hebreos 2.11).

Jesús no se avergüenza de usted. Tampoco se deja confundir por usted. Sus acciones no lo dejan perplejo. La aureola inclinada en usted no le causa problemas a Él. Por lo tanto vaya ante Él. Después de todo, usted es parte de su familia.

3

Amigo de fracasados

Gente sospechosa

MATEO 9.9-13

«Pasando Jesús de allí, vio a un hombre llamado Mateo, que estaba sentado al banco de los tributos públicos, y le dijo: Sígueme. Y se levantó y le siguió» (Mateo 9.9).

Lo sorprendente de esta invitación es a quién se le hace: a un recaudador de impuestos. Combine la codicia de un ejecutivo malversador con la arrogancia de un mal evangelista de televisión. Agregue la audacia de un abogado y la cobardía de un francotirador. Revuelva esto con una pizca de moralidad de un proxeneta, concluya con el código de ética de un traficante de drogas. ¿Qué obtiene? Un recaudador de impuestos del primer siglo.

Según los judíos, estos individuos estaban escasamente por encima del plancton de la cadena alimentaria. El césar permitía que estos ciudadanos judíos impusieran impuestos a casi todo: su barca, los peces que atrapaba, su casa, sus cosechas. Después de dar su cuota al césar, se podían quedar con el resto.

Mateo era un recaudador *público* de impuestos. Los cobradores privados de impuestos contrataban otros individuos para que hicieran el trabajo sucio. Los cobradores públicos, como Mateo, simplemente llegaban en su limosina al sector pobre de la ciudad y se establecían allí; tan torcidos como sacacorchos.

El nombre que le habían puesto era Leví (Marcos 2.14; Lucas 5.27-28). ¿Aspirarían sus padres a que entrara al sacerdocio? De ser así, era un fracasado en el círculo familiar.

Usted podría apostar a que Mateo era un rechazado. ¿Comidas al aire libre en el vecindario? Nunca lo invitaban. ¿Reuniones del colegio? A alguien con su renombre no lo incluían en la lista. A este personaje lo evitaban tanto como a un estreptococo A. Todos se mantenían a distancia de Mateo.

Todos, excepto Jesús, quien le dijo: «Sígueme». Mateo «se levantó y le siguió» (Mateo 9.9).

El publicano debió haber estado maduro. Jesús no tuvo necesidad de insistirle. Entre signos de puntuación, los dudosos amigos de Mateo y los ingenuos seguidores de Jesús intercambian direcciones. «Leví le hizo gran banquete en su casa; y había mucha compañía de publicanos y de otros que estaban a la mesa con ellos» (Lucas 5.29).

¿Qué propósito supone usted que tenía la fiesta? Intentemos imaginarlo. Veo a Mateo regresando a su oficina y empacando. Quita de la pared la placa de Traidor del Año, y esconde el certificado de la Academia de Negocios Turbios. Sus colegas empiezan a hacer preguntas.

—¿Qué pasa, Teo? ¿Te vas en un crucero?

—Hola, Mateo, ¿te echó tu mujer?

Mateo no sabe qué decir. Farfulla algo acerca de un cambio de trabajo. Pero hace una pausa al llegar a la puerta. Sosteniendo su caja llena de artículos de oficina, mira hacia atrás. Lo observan como avergonzados, como con tristeza y confusión.

Siente un nudo en la garganta. Ah, estos hombres no son gran cosa. Los padres advierten a sus hijos en contra de esta gente. Vocabulario mordaz. Moralidad de Mardi Gras. Mantienen el número telefónico de sus corredores de apuestas en sistema de discado rápido. El gorila del Club de Caballeros les envía tarjetas de cumpleaños. Un amigo es un amigo. Pero, ¿qué puede hacer Mateo? ¿Invitarlos a que conozcan a Jesús? Sí, cómo no. A ellos les gustan tanto los predicadores como los carniceros a las ovejas. ¿Decirles que sintonicen el canal religioso en la televisión? Pensarían que para seguir a Cristo es necesario tener cabello de algodón de azúcar. ¿Y si a hurtadillas dejara en sus escritorios pequeños tratados de la Tora? Para nada, no los leerían.

Por tanto, al no saber qué más hacer, Mateo se encoge de hombros y asiente con la cabeza. «¡Estas alergias!», dice frotándose un ojo empañado.

Lo mismo vuelve a ocurrir más tarde ese mismo día. El recaudador entra a un bar para saldar su cuenta. La decoración es elegante: un lugar de mala muerte con profundo olor a humo de cigarrillos, una araña de Budweiser sobre la mesa de billar y una rocola en la esquina. Para Mateo no es el country club sino su casa en su camino a casa. Cuando le dice al dueño que va a avanzar, el cantinero responde:

—¡Caramba, Teo! ¿Qué pasa?

Mateo masculla una excusa acerca de una transferencia, pero se queda con una sensación de vacío en el estómago.

Más tarde se encuentra con Jesús en una cena y comenta su problema.

—Se trata de mis amigos. Tú sabes, los muchachos de la oficina y los chicos del bar.

—¿Qué pasa con ellos? —pregunta Jesús.

—Bueno, mira, tenemos una pandilla. Voy a extrañarlos. Por ejemplo, José, aunque es tan resbaloso como una sardina, los domingos visita huérfanos. ¿Y Bruno, el del gimnasio? Te puede aplastar como a una cucaracha, pero nunca he tenido un mejor amigo. Me ha pagado la fianza tres veces.

—¿Cuál es el problema? —Jesús le hace señas para que continúe.

—Es que voy a extrañar a esos sujetos. Es decir, no tengo nada contra Pedro, Santiago y Juan, pero ellos son domingo en la mañana y yo soy sábado en la noche. Tengo mi propio círculo, ¿sabes?

Jesús comienza a sonreír y mueve la cabeza de un lado al otro.

—Mateo, Mateo, ¿crees que vine a ponerte en cuarentena? Seguirme no significa que te olvides de tus amigos. Todo lo contrario. Quiero conocerlos.

—¿Hablas en serio?

—¿Es judío el sumo sacerdote?

—Pero, Jesús, estos tipos… La mitad de ellos están en libertad condicional. José no ha usado medias desde su Bar Mitzvah.

—Mateo, no me refiero a una reunión religiosa. Déjame preguntarte: ¿Qué te gusta hacer? ¿Bolos? ¿Jugar monopolio? ¿Qué tal juegas el golf?

Los ojos de Mateo brillaron.

—Tienes que verme cocinar —dijo—. Me las arreglo con los filetes como una ballena con Jonás.

—Perfecto —sonríe Jesús—. Entonces organiza una fiesta de despedida. Un fiestón inolvidable. Reúne a la pandilla.

Mateo se encarga de todo. Llama al servicio de comidas y bebidas, a su ama de llaves y a su secretaria.

—Telma, haz correr la voz. Comida y bebida esta noche en mi casa. Di a los muchachos que vengan y traigan chicas.

Por lo tanto, Jesús va a parar a la casa de Mateo, una mansión de dos niveles con vista al mar de Galilea. Estacionados afuera hay desde BMW y Harley hasta limosinas. Además, la gente adentro indica que se trata de cualquier cosa menos de una conferencia clerical.

Aretes en los tipos y tatuajes en las chicas. Cabello peinado con fijador. Música que cala las raíces de los dientes. Y zumbando en medio del grupo está Mateo, quien hace más conexiones que un electricista. Conecta a Pedro con el bajista del club de recaudadores de impuestos, y a Marta con el personal de la cocina. Simón el celote encuentra a un compañero de discusiones en el colegio. ¿Y Jesús? Sonriendo. ¿Qué podría ser mejor? Santos y pecadores en el mismo salón, sin que nadie trate de determinar quién es quién. Pero quizáss una hora después de anochecer se abra la puerta y entre una brisa helada. «Los escribas y los fariseos murmuraban contra los discípulos diciendo: ¿Por qué coméis y bebéis con publicanos y pecadores?» (Lucas 5.30).

Entra la policía religiosa y su piedad de pocos amigos. Enormes libros negros bajo los brazos. Tan risueños como guardias de prisiones siberianas. Cuellos clericales tan apretados que resaltan las venas.

Mateo es el primero en sentir la reacción. «Vaya religiosos que son —dice alguien, prácticamente arqueando el músculo de una ceja—. Miren con quiénes andan».

El publicano no sabe si enojarse o escapar. Antes de tener tiempo de decidirse, Jesús interviene, y explica que está donde debe estar. «Los que están sanos no tienen necesidad de médico, sino los enfermos. No he venido a llamar a justos, sino a pecadores al arrepentimiento» (versículos 31-32).

Qué historia. Mateo pasa de estafador a discípulo. Hace una fiesta que pone nerviosos a los religiosos, pero que enorgullece a Jesús. Los tipos buenos parecen buenos, y los malos se largan. Vaya historia.

¿Qué hacemos con ella?

Depende de qué lado de la mesa del recaudador esté usted. Usted y yo somos Mateo. No me mire de esa manera. Hay mucho de estafador en el mejor de nosotros como para ser dignos de la mesa de Mateo. Tal vez usted nunca ha recaudado impuestos, pero se ha tomado libertades con la verdad, ha tomado crédito que no era suyo, se ha aprovechado de los débiles. ¿Usted y yo? Mateo.

Si usted aún está en la mesa, recibe una invitación: «Sígueme». ¿Y qué si su reputación es pueblerina? Así pasó con Mateo. Usted podría terminar escribiendo su propio evangelio.

Si usted se ha levantado de la mesa, recibe una aclaración. No tiene que ser raro para seguir a Jesús. No tienen que dejar de gustarle sus amistades para seguirlo. Todo lo contrario. Presentarle a algunas personas sería bueno. ¿Sabe usted cómo asar un filete en la parrilla?

Hace algún tiempo me pidieron que jugara una partida de golf. El cuarteto incluía dos predicadores, un líder de iglesia, y un «Mateo, a.C». A este no le atraía la idea de pasar cuatro horas con tres cristianos, dos de los cuales eran expertos en el púlpito. Su mejor amigo, que era seguidor de Cristo y jefe suyo, insistió, y entonces aceptó. Me da gusto decir que proclamó que la experiencia fue indolora. En el noveno hoyo se dirigió a uno de nosotros.

—Me encanta que ustedes sean normales —dijo, sonriendo.

Pienso que quiso decir: «Me encanta que no me golpearan el rostro ni me dieran con un palo King James. Gracias por reírse de mis chistes y contar algunos. Gracias por ser normales». No bajamos los estándares. Pero tampoco nos subimos a un caballo alto. Fuimos normales. Normales y agradables.

A veces el discipulado se define como ser normales.

Una mujer en una pequeña comunidad de Arkansas era madre soltera con un frágil bebé. Su vecina la visitaba a menudo y cuidaba el niño para que ella pudiera ir de compras. Después de algunas semanas su vecina compartió más que tiempo con ella; compartió su fe, y la mujer hizo lo mismo que Mateo. Siguió a Cristo.

Los amigos de la joven madre protestaron.

—¿Sabes qué enseñan esas personas? —protestaron.

—Esto es lo que sé —les dijo—. Cuidaron de mi bebé.[1]

Creo que a Jesús le gusta esta clase de respuesta. ¿Qué opina usted?

4

La mano que a Dios le gusta tomar

Personas desesperadas

Hay que bajar la mirada para ver la mano de ella. Mire hacia abajo. Allí es donde vive. A nivel del suelo. Abajo en la lista de prioridades. Abajo en la escala social. Ella es humilde.

¿Puede verla? ¿Ve su mano? Retorcida. Delgada. Enferma. Uñas ennegrecidas por la suciedad y piel manchada. Mira cuidadosamente entre las rodillas y los pies de la multitud. Las personas corretean detrás de Jesús. Él camina. Ella se arrastra. La gente la golpea, pero ella no se detiene. Otros se le quejan. A ella no le importa. Está desesperada. La sangre no permanece en su cuerpo. «Desde hacía doce años padecía de flujo de sangre» (Marcos 5.25). Doce años de clínicas, tratamientos, hierbas, reuniones de oración, conjuros.

La mujer «había sufrido mucho de muchos médicos» (versículo 26). ¿No le huelen a curanderismo esas palabras? ¿No le parece que los médicos se aprovecharon de ella, y no se preocuparon de la enfermedad de la mujer? Ella había «gastado todo lo que tenía, y nada había aprovechado, antes le iba peor» (versículo 26).

Sin salud. Sin dinero. Sin familia que le ayudara. Inmunda, según la Ley de Moisés. Durante esas épocas del mes la ley protegía a las mujeres de hombres agresivos e insensibles. La severa aplicación de la ley en el caso de esta mujer la mantenía no solo apartada sino repudiada, ceremonialmente inmunda. ¿Ve usted la mano en la multitud? ¿La que se extiende hacia el manto? Nadie la tocará.

Ese no siempre fue el caso. Seguramente un esposo la tomó en matrimonio. La mano lucía diferente en aquellos días: limpia, de piel suave, perfumada. Un marido amó una vez esa mano.

Una familia confió una vez en esa mano. Para cocinar y coser. Para secar lágrimas de mejillas. Para insertar cobijas bajo los mentones. ¿Están alguna vez quietas las manos de una madre?

Solo si está enferma.

Quizáss el esposo intentó permanecer a su lado, y la llevó a médicos y a centros de tratamiento. O tal vez se dio por vencido rápidamente, abrumado por las dormidas, las náuseas y la anemia de su esposa. De modo que la echó. Una muda de ropa y un puñado de monedas y se acabó. Se cierra la puerta.

Por consiguiente, la mujer no tiene nada. Sin dinero. Sin hogar. Sin salud. Sueños arruinados. Fe por los suelos. Despreciada en la sinagoga. Marginada en su comunidad. Había sufrido durante doce años. No tiene nada y su salud está empeorando.

Posiblemente eso es lo que pasaba. «Le iba peor» (versículo 26). Esta mañana le costó trabajo pararse. Se salpicó el rostro con agua y le horrorizó la esquelética imagen en el estanque. En su imagen reflejada en el agua vio lo que usted y yo vemos en las fotos de Auschwitz: mejillas demacradas, piel cansada y tensa, y dos ojos como lunas llenas.

Está desesperada. Y su desesperación da a luz una idea.

«Oyó hablar de Jesús» (versículo 27). Toda sociedad tiene un pajarito me lo contó, incluso —o especialmente— la sociedad de los enfermos. Corrió la voz entre leprosos y abandonados: Jesús puede sanar. Y Jesús viene. Por invitación del principal de la sinagoga, viene a Capernaum.

Es raro encontrar al principal y a la mujer en la misma historia. Él es poderoso. Ella da lástima. Él es popular. Ella es insignificante. Él es grande. Ella es humilde. Pero la hija del hombre está muriendo. La tragedia nivela la topografía social. Por eso se encuentran en la misma senda del pueblo y en la misma página de la Biblia.

Cuando la multitud se acerca, la mujer piensa: «Si toco su manto, seré salva» (versículo 28). En el momento adecuado corretea como cangrejo en medio de la turba. Las rodillas le golpean las costillas. Alguien grita: «¡Fuera del camino!» Ella no hace caso y no se detiene. Doce años en las calles la han endurecido.

El manto de Jesús está a la vista. Cuatro borlas penden de hilos azules. Adornos de santidad que utilizan los hombres judíos. ¿Cuánto tiempo sin que ella tocara algo santo? Extiende la mano hacia una borla.

Su mano enferma. Su mano cansada. La mano que el esposo ya no quiere y que la familia ya no necesita. Toca el manto de Jesús «y enseguida la fuente de su sangre se secó, y sintió en el cuerpo que estaba sana de aquel azote» (versículo 29).

La vida entra rauda. Las pálidas mejillas se tornan rosadas. La respiración superficial se vuelve completa. La represa Hoover se agrieta y un río se desborda. La mujer siente que entra poder. ¿Y Jesús? Jesús siente que sale poder. «Conociendo en sí mismo el poder que había salido de Él, volviéndose a la multitud, dijo: ¿Quién ha tocado mis vestidos?» (versículo 30)

¿Sorprendió Cristo incluso a Cristo? ¿Se movió Jesús el divino más rápido que Jesús el humano? ¿Le ganó el Salvador al vecino? «¿Quién ha tocado mis vestidos?» (versículo 30)

Los discípulos de Cristo piensan que la pregunta es extraña. «Ves que la multitud te aprieta, y dices: ¿Quién me ha tocado? Pero él miraba alrededor para ver quién había hecho esto» (versículos 31-32).

¿Podemos culpar la timidez de esta mujer? Ella no sabe qué esperar. Jesús podría reprenderla, avergonzarla. Además, Él era su última oportunidad. Ella buscó la ayuda de una docena de personas más, antes de buscar la ayuda de Jesús; y el pueblo, ¿qué hará? ¿Qué hará el principal de la sinagoga? Él es recto. Ella es inmunda. Y he aquí, ella arremete contra el huésped del pueblo. No en balde está asustada.

Sin embargo, la mujer tiene una razón para cobrar valentía: está sana. «Entonces la mujer, temiendo y temblando, sabiendo lo que en ella había sido hecho, vino y se postró delante de Él, y le dijo toda la verdad» (versículo 33).

«Toda la verdad». ¿Cuánto tiempo había pasado desde que alguien estacionara el automóvil de la vida, diera vuelta a la llave y escuchara su historia? Sin embargo, Jesús lo hace cuando esta mujer se le acerca. Aunque el obispo espera, una joven está muriendo y una multitud lo aprieta, saca tiempo para una mujer que pertenece a un grupo marginal. Usando una expresión que no da a nadie más, le dice: «Hija, tu fe te ha hecho salva; ve en paz, y queda sana de tu azote» (v. 34).

Y Cristo continúa.

Y la mujer continúa.

Pero nosotros no. No podemos porque hemos pasado por eso. Hemos sido como ella. Estamos como ella. Desesperados. Sucios. Agotados.

La enfermedad se llevó la fortaleza de la mujer. ¿Qué le quita la fortaleza a usted? ¿Pérdidas en los negocios? ¿Demasiada bebida? ¿Noches enteras en otros brazos? ¿Tediosos días en un trabajo que no nos gusta? ¿Un embarazo demasiado pronto? ¿Muy a menudo? ¿Es esa mano la suya? De ser así, anímese. Su familia podrá rechazarla. La sociedad podrá eludirla. ¿Pero Cristo? Cristo quiere tocarla. Cuando usted extiende la mano en medio de las multitudes, Él lo sabe.

Suya es la mano que a Él le gusta tomar.

5

Intenta de nuevo

Personas desanimadas

LUCAS 5.1-11

Hay una mirada que dice: «Es demasiado tarde». Usted la ha visto. Mirada perdida, sacudida de cabeza, labios fruncidos.

Su amiga está a un día de divorciarse.

—¿No puedes intentarlo una vez más? —le insta usted mientras toman una taza de café.

—Ya lo hice —ella se encoge de hombros.

El padre y el hermano de usted no se han hablado durante años.

—¿No lo intentarás de nuevo? —le pregunta usted a su papá.

Él mira a lo lejos, inhala profundamente y suspira.

A cinco años de jubilarse, la economía pone en peligro la jubilación de su esposo. Usted trata de darle la vuelta lo mejor que puede.

—Puedes volver a estudiar. Aprende un nuevo oficio.

También podría haberle sugerido que nadara hasta Londres. Él sacude la cabeza.

—Estoy demasiado viejo, es demasiado tarde.

Demasiado tarde para salvar un matrimonio.

Demasiado tarde para reconciliarse.

Demasiado tarde para una nueva carrera.

Demasiado tarde para atrapar algunos peces. Eso es lo que

piensa Pedro. Toda la noche ha estado de pesca. Fue testigo de la puesta y de la salida del sol, pero no vio la recompensa. Mientras otros pescadores limpiaban su pesca, él sólo limpiaba sus redes. Pero Jesús quiere que lo intente de nuevo.

«Aconteció que estando Jesús junto al lago de Genesaret, el gentío se agolpaba sobre Él para oír la palabra de Dios» (Lucas 5.1).

El mar de Genesaret, o de Galilea, es una masa de agua de diez kilómetros por veinte en el norte de Israel. Hoy día sus costas descansan y atraen solo algunos autobuses de turismo y a un puñado de pescadores. Pero en la época de Jesús la región bullía de gente. Nueve de las aldeas de la costa tenían más de quince mil habitantes. Y uno recibe la impresión de que gran parte de ellos estaban presentes la mañana en que Cristo ministró en aquella playa. Mientras más gente llegaba, más se apiñaba. Con cada apretujón, Jesús retrocedía. Pronto salió de la playa y entró en el agua. Allí fue cuando se le ocurrió una idea.

> Vio dos barcas que estaban cerca de la orilla del lago; y los pescadores, habiendo descendido de ellas, lavaban sus redes. Y entrando en una de aquellas barcas, la cual era de Simón, le rogó que la apartase de tierra un poco; y sentándose, enseñaba desde la barca a la multitud. Cuando terminó de hablar, dijo a Simón: Boga mar adentro, y echad vuestras redes para pescar (versículos 2-4).

Jesús necesita una barca. Pedro tiene una. Jesús predica. Pedro se conforma con escuchar. Sin embargo, Jesús sugiere un viaje de pesca a media mañana, y Pedro le lanza una mirada. Es una mirada de «es demasiado tarde». Se pasa los dedos por el cabello y suspira: «Maestro, toda la noche hemos estado trabajando, y nada hemos pescado» (versículo 5). ¿Puede usted sentir la futilidad de Pedro?

Toda la noche la barca flotó sin peces sobre la negra manta

marina. Los faroles de algunas naves lejanas brillaban como luciér-
nagas. Los hombres lanzaban sus redes y llenaban el aire con el
ruido de su oficio.

Chasquido, salpicadura… silencio.

Chasquido, salpicadura… silencio.

Medianoche.

Algunas voces emocionadas cruzaban el lago y llegaban hasta
aquellos hombres. Otra barca había encontrado un cardumen.
Pedro pensó ir hacia allá, pero cambió de opinión.

Chasquido, salpicadura… silencio.

Dos de la mañana. Pedro descansaba mientras su hermano
pescaba. Después Andrés descansó. Santiago, flotando cerca,
sugirió moverse. Los otros estuvieron de acuerdo. El viento hinchó
las velas y llevó las barcas a una caleta. Se reanudó el ritmo.

Silbido, salpicadura… silencio.

Todo tirón de la red era fácil. Demasiado fácil. Esta noche el
lago era una verdadera dama. No importaba cuán a menudo los
hombres guiñaban y chiflaban, nada ofrecía.

Los rayos dorados finalmente llenaron el cielo. La mayoría de
las mañanas la salida del sol inspira a los hombres. Aquel día los
cansó. No querían verla. ¿Quién quiere fondear una barca vacía?
¿Quién quiere amarrar y limpiar, sabiendo la primera pregunta que
hará la esposa? Además, ¿quién quiere oír a un bien descansado
carpintero convertido en rabino que dice: «Boga mar adentro, y
echad vuestras redes para pescar»? (versículo 4)

Ah, los pensamientos que pudo haber tenido Pedro. *Estoy
cansado. Me duelen los huesos. Lo que deseo es una comida y una cama, no un
viaje de pesca. ¿Acaso soy su guía turístico? Además, la mitad de Galilea está
observando. Me siento como un perdedor. ¿Quiere Él ahora organizar una
exhibición de pesca a media mañana? Que no cuente conmigo.*

Cualquier cosa que Pedro haya pensado quedó destilada en una frase: «Toda la noche hemos estado trabajando, y nada hemos pescado» (versículo 5).

¿Tiene usted algunas redes gastadas, húmedas y vacías? ¿Sabe qué se siente en una noche sin dormir y sin pescar nada? Por supuesto. ¿A qué le ha estado usted tirando?

¿Sobriedad? «Me he esforzado mucho para estar sobrio, pero...»

¿Solvencia? «Mi deuda es un yunque alrededor de mi cuello...»

¿Fe? «Anhelo creer, pero...»

¿Salud? «He estado enfermo mucho tiempo...»

¿Un matrimonio feliz? «No importa qué haga yo...»

Toda la noche he estado trabajando, y nada he conseguido.

Usted se ha sentido como Pedro. Ha estado donde ha estado Pedro. Y ahora Jesús le está pidiendo que se vaya de pesca. Él sabe que sus redes están vacías. Sabe que su corazón está cansado. Sabe que a usted nada le gustaría más que volver la espalda al desastre y darlo todo por terminado.

Sin embargo, Él insta: «No es demasiado tarde para intentar de nuevo».

Vea usted si la respuesta de Pedro le ayudará a formular la suya. «En tu palabra echaré la red» (versículo 5).

Hay poca pasión en esas palabras. Usted podría esperar una sonrisa de diez mil luces y un puño agitado en el aire. «Tengo a Jesús en mi barca. Mamá, ¡enciende el horno!» Pero Pedro no muestra emoción. No la siente. Ahora tiene que desdoblar las redes, volver a sacar los remos y convencer a Santiago y a Juan de que pospongan su descanso. Tiene que trabajar. Si la fe se midiera en centímetros, la de él sería un angström. ¿Inspirado? No. ¿Pero obediente? De modo admirable. Y un angström de obediencia es lo único que Jesús desea. «Boga mar adentro» instruye el Dios-hombre.

¿Por qué mar adentro? ¿Cree usted que Jesús sabía algo que Pedro desconocía?

¿Cree usted que Jesús está haciendo con Pedro lo que los padres hacemos con nuestros hijos el Domingo de Resurrección? Ellos encuentran la mayoría de los huevos por su cuenta. Pero un par de tesoros inevitablemente sobreviven a la primera búsqueda. «Mira —susurraría yo en los oídos de mis hijas— detrás del árbol». Una rápida búsqueda alrededor del tronco y, lo que usted ya sabe, papá tenía razón. Descubrir tesoros es fácil para quien los esconde. Encontrar peces es sencillo para el Dios que los hizo. Para Jesús, el mar de Galilea era una pecera de un dólar en un gabinete de cocina.

Pedro hace chasquear la red, deja que se asiente y la ve desaparecer. Lucas no nos dice qué hizo Pedro mientras esperaba que la red se hundiera, por lo tanto yo lo haré (estoy mirando al cielo en busca de iluminación).

Me gusta pensar que Pedro, mientras sostiene la red, mira por sobre el hombro a Jesús. Y me encanta pensar que Jesús, sabiendo que Pedro está a punto de ser medio halado hacia el agua, comienza a sonreír. Una sonrisa de papá a hija por huevos de Pascua. Levantar las mejillas convierte los ojos en medias lunas. Hay destellos blancos debajo de sus bigotes. Jesús trata de contenerse, pero no puede.

Hay mucho de qué reír. Es Domingo de Pascua, y el césped está plagado de niños. Simplemente espere hasta que miren debajo del árbol.

Y habiéndolo hecho, encerraron gran cantidad de peces, y su red se rompía. Entonces hicieron señas a los compañeros que estaban en la otra barca, para que viniesen a ayudarles; y vinieron, y llenaron ambas barcas, de tal manera que se hundían (versículos 6-7).

Pedro siente que le halan el brazo hacia el agua. Lo único que puede hacer es agarrarse hasta que los demás muchachos le puedan ayudar. A los pocos momentos los cuatro pescadores y el carpintero tienen agitados peces plateados hasta las rodillas.

Pedro quita la mirada de la pesca y la pone en el rostro de Cristo. En ese momento, por primera vez, ve a Jesús. No al Jesús que descubre peces. No al Jesús que atrae multitudes. No a Jesús el rabino. Ve a Jesús el Señor.

Pedro cae de bruces entre la pesca. No le molesta el mal olor de los peces. Lo que le preocupa es su propio mal olor. «Apártate de mí, Señor, porque soy hombre pecador» (versículo 8).

Cristo no tenía intención de satisfacer ese ruego. Él no abandona a pobres infelices que confiesan. Muy por el contrario, los recluta. «No temas; desde ahora serás pescador de hombres» (versículo 10).

Al revés de lo que quizás le dijeron a usted, Jesús no limita su reclutamiento a los intrépidos. Los apaleados y agotados son prospectos principales en su libro, y se sabe que Él va a barcas, banquillos y burdeles para decirles: «No es demasiado tarde para empezar de nuevo».

Pedro aprendió la lección. Pero, ¿sabe? Pedro olvidó esa lección. Dos escasos años después este hombre que confesó a Cristo en la barca lo maldijo junto a una hoguera. La noche antes de la crucifixión de Jesús, el apóstol le dijo a la gente que nunca había oído de Jesús.

Pedro no pudo haber cometido una equivocación más trágica. Él lo sabía. El corpulento pescador hundió su rostro barbado entre sus gruesas manos y pasó la noche llorando. Todos los sentimientos de aquella mañana galilea volvieron a él.

Es demasiado tarde.

Pero entonces llegó el domingo. ¡Jesús llegó! Pedro lo vio. Y estaba convencido de que Cristo había regresado de entre los muertos. Pero aparentemente no estaba convencido de que había regresado por él.

Por lo tanto, Pedro regresó a la barca… la misma barca, la misma playa, el mismo mar. Salió del retiro. Él y sus compañeros limpiaron de moluscos el casco de la barca, desenrollaron las redes y se hicieron a la mar. Pescaron toda la noche y, para ser sinceros, no pescaron nada.

Pobre Pedro. Quemado como discípulo, ahora se está quemando como pescador. En el momento en que se pregunta si es demasiado tarde para dedicarse a la carpintería, el cielo se torna anaranjado y oyen una voz desde la costa.

—¿Han pescado algo?

—No —gritan ellos.

—¡Prueben por el lado derecho de la barca!

Sin nada que perder y sin más orgullo que proteger, lo hacen. «Entonces la echaron, y ya no la podían sacar, por la gran cantidad de peces» (Juan 21.6). Al momento Pedro tiene la sensación de que ya antes había vivido aquello. Pero cuando esto ocurre, entra al agua como bala de cañón y nada lo más rápido que puede para poder ver a aquel que lo amaba tanto que había vuelto a *realizar* un milagro. Esta vez captó el mensaje.

Pedro nunca volvió a pescar peces. Pasó el resto de su vida diciendo a todo aquel que lo escuchara: «No es demasiado tarde para intentarlo de nuevo».

¿Es demasiado tarde para usted? Antes de decir sí, antes de desenrollar las redes y dirigirse a casa, hágase algunas preguntas. ¿Le ha dado a Cristo su barca, su pena, su dilema sin solución, su lucha? ¿Ha dirigido de veras hacia Jesús su problema? ¿Ha ahondado en él? ¿Ha eludido las soluciones superficiales que puede ver, en busca de las provisiones profundas que Dios puede dar? Intente por el otro lado de la barca. Profundice más de lo que ha hecho. Quizáss encuentre lo que descubrió Pedro. Lo que obtuvo de su segundo esfuerzo no fueron los peces que atrapó sino el Dios que vio.

Vio al Dios-hombre que encuentra pescadores cansados, que se preocupa tanto por ellos como para entrar en sus barcas, que da la espalda a la adoración de una multitud para solucionar la frustración de un amigo. Vio al Salvador vecino que susurra a los dueños de redes vacías: «Intenta de nuevo… esta vez conmigo a bordo».

6

Terapia de saliva

Personas en sufrimiento

JUAN 9.1-38

El anciano de la esquina no lo ha visto. La mujer que vende higos tampoco. Jesús lo describe a los escribas en la puerta y a los muchachos en el patio.

—Es así de alto. Su ropa es harapienta. La barba le llega hasta el estómago.

Nadie tiene la menor idea.

La mayor parte del día Jesús ha estado buscando de arriba abajo por las calles de Jerusalén. No se detuvo a almorzar. No hizo una pausa para descansar. La única vez que sus pies se detienen es cuando pregunta:

—Disculpe, ¿ha visto al hombre que solía mendigar en la esquina?

Jesús buscó en las caballerizas y revisó el techo de una cabaña. Ahora va de puerta en puerta.

—Tiene cara de indigente —le dice Jesús a la gente—. Es desgreñado, sucio y tiene barro en los párpados.

Finalmente un muchacho le da una pista. Jesús toma una calle secundaria para volver al templo y encuentra al hombre sentado en un tronco entre dos borricos. Cristo se acerca por detrás y le pone una mano en el hombro.

—¡Aquí estás! Te he estado buscando.

El sujeto gira y, por primera vez, ve a aquel que le permitió ver.

Y a usted le costará creer lo que el hombre hace a continuación.

Déjeme ponerlo al corriente. Juan nos lo presenta con estas palabras: «Al pasar Jesús, vio a un hombre ciego de nacimiento» (Juan 9.1). Este hombre nunca ha visto un amanecer. No puede distinguir el morado del rosado. Los discípulos culpan al árbol familiar. «Rabí, ¿quién pecó, este o sus padres, para que haya nacido ciego?» (versículo 2)

Ninguno, replicó el Dios-hombre. Esta condición tiene origen en el cielo. ¿Por qué el hombre nació sin vista? «Para que las obras de Dios se manifiesten en él» (versículo 3).

Hablemos de un papel ingrato: seleccionado para sufrir. Algunos cantan para la gloria de Dios. Otros enseñan para la gloria de Dios. ¿Quién quiere ser ciego para la gloria de Dios? ¿Qué es más duro, la condición misma o descubrir que fue idea de Dios?

El remedio prueba ser tan sorprendente como la causa. «[Jesús] escupió en tierra, e hizo lodo con la saliva, y untó con el lodo los ojos del ciego» (versículo 6).

En el mundo hay muchos cuadros del Dios-hombre: en los brazos de María, en el huerto de Getsemaní, en el Aposento Alto, en la tumba vacía. Jesús tocando, llorando, riendo, enseñando… pero nunca he visto un cuadro de Jesús escupiendo.

Cristo junta los labios una o dos veces, recoge una bocanada de saliva, junta un poco de baba y escupe. El escupitajo cae a tierra (chicos, la próxima vez que sus madres les digan que no escupan, muéstrenle este pasaje.) Luego se agacha, forma un poco de… no sé, ¿cómo lo llamaría usted?

¿Masilla santa? ¿Terapia de saliva? ¿Solución de saliva? Cualquiera que sea el nombre, Jesús pone un dedo lleno de eso en la palma de la mano, y entonces, con la tranquilidad con que un pintor rellena un hueco en la pared, Jesús coloca el barro milagroso en los ojos del ciego. «Ve a lavarte en el estanque de Siloé» (versículo 7).

El mendigo encuentra su camino hacia el estanque, se echa agua en el rostro enfangado y se quita el lodo. El resultado es Génesis 1, solo para él. Hubo luz donde había tinieblas. Enfoque de ojos virginales, figuras borrosas que se vuelven seres humanos, y Juan recibe el premio de la mayor falta de énfasis en la Biblia al declarar: «Regresó viendo» (versículo 7).

¡Vamos, Juan! ¿Escasez de ideas? ¿Qué tal «a la carrera *regresó viendo*»? ¿Qué de «regresó viendo y bailando»? ¿Y de «a voz en cuello regresó chillando, gritando y besando todo lo que podía, porque por primera vez podía ver»? El hombre tiene que haber estado emocionado.

Nos habría encantado dejarlo todo así, pero si la vida de este hombre fuera una fila en un bufé de restaurante, sencillamente habría pasado del bistec a los repollitos hervidos. Observe la reacción de los vecinos: «¿No es este el que se sentaba y mendigaba? Unos decían: Él es; y otros: A él se parece. Él decía: Yo soy» (versículos 8-9).

Estos tipos no celebran, ¡discuten! Habían visto a aquel hombre andar a tientas y tropezar desde que era niño (versículo 21). Uno pensaría que iban a alegrarse; pero no fue así. Lo obligan a caminar hasta la iglesia para hacerle una prueba de legitimidad. Cuando los fariseos piden una explicación, el ex mendigo ciego dice: «Me puso lodo sobre los ojos, y me lavé, y veo» (versículo 15).

De nuevo esperamos aplausos, pero no llegan. Ningún reconocimiento. Ninguna celebración. Aparentemente Cristo falló en consultar el manual de sanidad. «Era día de reposo cuando Jesús había hecho el lodo, y le había abierto los ojos. ... Entonces algunos de los fariseos decían: Ese hombre no procede de Dios, porque no guarda el día de reposo» (versículos 14,16).

Ese ruido que usted oye es el pitido del detector de absurdos Geiger. El veredicto de los líderes religiosos hace rebotar la aguja.

He aquí una respuesta paralela. Suponga que la piscina donde usted se divierte tiene un letrero en la valla que dice: Solamente salvavidas certificados realizan rescates. Usted no piensa en la bondad o la maldad de la regla hasta que un día se estrella de cabeza en el fondo y pierde el conocimiento, tres metros bajo la superficie.

Lo siguiente que usted sabe es que está boca abajo al lado de la piscina, tosiendo agua. Alguien lo rescató. Y cuando aparece el salvavidas, desaparece el tipo que lo sacó de la profundidad. Cuando usted recupera totalmente el sentido, narra la historia. Sin embargo, en lugar de regocijarse, las personas retroceden. «¡No cuenta! ¡No cuenta!», gritan como árbitros al anular un tanto de basquetbol que entró limpiamente después de haber expirado el tiempo de juego. «No vale. No fue legal. Puesto que el rescatador no estaba certificado, considérese ahogado».

¿Estúpido? Claro. ¿No se regocijó nadie con este hombre? Los vecinos no lo hicieron. Los sacerdotes tampoco. Esperen, aquí vienen los padres. Sin embargo, la reacción de los progenitores del ex ciego es todavía peor.

> Llamaron a los padres del que había recibido la vista, y les preguntaron, diciendo: ¿Es este vuestro hijo, el que vosotros decís que nació ciego? ¿Cómo, pues, ve ahora? Sus padres respondieron y les dijeron: Sabemos que este es nuestro hijo, y que nació ciego; pero cómo vea ahora, no lo sabemos; o quién le haya abierto los ojos, nosotros tampoco lo sabemos; edad tiene, preguntadle a él; él hablará por sí mismo. Esto dijeron sus padres, porque tenían miedo de los judíos, por cuanto los judíos ya habían acordado que si alguno confesase que Jesús era el Mesías, fuera expulsado de la sinagoga (versículos 18-22).

¿Cómo pueden los padres del ex ciego hacer esto? De acuerdo, ser expulsado de la sinagoga es grave. Pero, ¿no es aun más grave negarse a ayudar a un hijo?

¿Quién sí estaba ciego ese día? Los vecinos no vieron al hombre. Vieron una novedad. Los líderes de la iglesia no vieron al hombre. Vieron un detalle técnico. Los padres no vieron al hijo. Vieron una dificultad social. Al final, nadie lo vio. Por lo tanto, lo «expulsaron» (versículo 34).

Ahora el hombre está aquí, en una calle secundaria de Jerusalén. Tiene que estar perplejo. Nació ciego solamente para que lo sanaran. Lo sanaron para que lo expulsaran. Lo expulsaron para que quedara solo. El pico del Everest y el calor del Sahara, todo en un día de reposo. Ya no puede mendigar. ¿Cómo se habrá sentido?

Usted quizás lo sepa demasiado bien. Conozco un hombre al que se le han muerto cuatro hijos. Una madre soltera en nuestra iglesia está criando dos hijos autistas. Enterramos a un vecino cuyo cáncer le produjo problemas cardíacos, lo cual le provocó neumonía. Su historial médico era tan grueso como un directorio telefónico. ¿Será que algunas personas tienen que pasar por más problemas que otros?

De ser así, Jesús lo sabe. Sabe cómo se sienten, y sabe dónde están. «Oyó Jesús que le habían expulsado» y lo halló (versículo 35). Como si el haber nacido en un establo no hubiera sido suficiente. Como si tres décadas de caminar por la tierra obrando milagros no hubieran sido suficientes. Pero por si hay alguna duda de la total y sufrida devoción de Dios, Él hace cosas como esta. Averigua el paradero de un indigente atribulado.

El mendigo levanta los ojos para ver el rostro de aquel que lo inició todo. ¿Criticará a Cristo? ¿Se quejará de Jesús? Motivos tenía para hacer ambas cosas: él no se ofreció ni para la enfermedad ni para la liberación. Pero ni critica ni se queja. Al contrario, «le adoró» (versículo 38). ¿No cree que se arrodilló? ¿No cree que lloró? ¿Y cómo pudo evitar abrazar la cintura del que le dio la vista? Le adoró.

Usted también le adorará cuando vea a Jesús.

¿Cómo me atrevo a hacer tal afirmación? Algunas manos artríticas sostendrán este libro. Algunos ojos llenos de lágrimas leerán estos capítulos. Algunos estarán en silla de ruedas con corazones hambrientos de esperanza. Sin embargo, «estos momentos difíciles son insignificantes en comparación con los buenos tiempos venideros: La espléndida fiesta preparada para nosotros» (véase 2 Corintios 4.17).

El día en que usted vea a su Salvador experimentará un millón de veces más lo que vivió Joni Eareckson Tada el día de su boda. ¿Conoce usted la historia de ella? Cuando tenía diecisiete años un accidente de buceo la dejó paralizada. Pasó la mayor parte de sus cincuenta y tantos años en una silla de ruedas. Su discapacidad no le impidió escribir, pintar ni hablar acerca de su Salvador. Tampoco le impidió casarse con Ken. Pero casi le impide el gozo de la boda.

Joni hizo lo mejor que pudo. A su vestido de novia le pusieron una malla metálica que cubría las ruedas de su silla. Con flores en su regazo y brillo en los ojos, se sentía «como una carroza en el desfile de las rosas».

Se había construido una rampa que conectaba el vestíbulo con el altar. Mientras esperaba su turno para impulsarse con el motor, Joni hizo un descubrimiento. A través del vestido había una enorme y negra marca de grasa, cortesía de la silla. Y la silla, aunque «bien diseñada … era aun el aparato gigantesco y ruidoso que siempre fue». Para colmo, el ramo de margaritas en el regazo se descentró. Las paralizadas manos de Joni fueron incapaces de arreglarlo. Se sintió lejos de ser la novia perfecta para una foto de la revista *Bridal Magazine*.

Joni hizo avanzar lentamente su silla hacia delante y miró por el pasillo. Fue entonces cuando vio al novio.

Lo descubrí al fondo, de pie, atento, alto y elegante en su atavío formal. Se me encendió el rostro. El corazón me empezó a latir con fuerza. Nuestros ojos se encontraron y, de modo sorprendente, a partir de ese momento todo cambió.

Ya no importaba cómo me veía. Olvidé todo lo relacionado con mi silla de ruedas. ¿Manchas de grasa? ¿Flores fuera de lugar? ¿A quién le importa? Ya no me sentí fea ni indigna. El amor en los ojos de Ken lo limpió todo. Yo era la novia pura y perfecta. Eso es lo que él vio, y eso es lo que me cambió. Me esforcé mucho para no colocar en alta velocidad mi palanca y correr por el pasillo para estar con mi novio.[1]

Cuando Joni lo vio se olvidó de sí misma.

Así nos ocurrirá cuando veamos a Jesús.

Me da pena el traje grasiento que usted lleva. Y sus flores tienden a deslizarse, ¿no es así? ¿Quién tiene una respuesta para las enfermedades, dificultades y oscuridades de esta vida? Yo no. Pero sí sé esto: Todo cambia cuando uno mira a su novio.

Y el suyo viene. Así como llegó para el ciego, Jesús viene por usted. La mano que tocó el hombro del ciego tocará las mejillas suyas. El rostro que le cambió la vida cambiará la suya.

Y cuando vea a Jesús, usted se inclinará en adoración.

7

Lo que Jesús dice en funerales

Personas que lloran la muerte de alguien

JUAN 11.1-44

Uno nunca sabe qué decir en funerales. Esta no es la excepción. La capilla está en silencio. La gente se saluda con suaves sonrisas e inclinaciones de cabeza. Usted no dice nada.

¿Qué se puede decir? ¡Hay un cadáver en el lugar, señores! Exactamente el mes pasado usted invitó a la persona a almorzar. Usted y Lázaro contaron chistes mientras comían papitas. Aparte de una insistente tos, parecía que estaba sano.

A las pocas semanas se enteró del diagnóstico. El médico le dio sesenta días. No duró tanto. Ahora ambos están en un funeral. Él en el ataúd. Usted en las bancas. La muerte los ha silenciado a los dos.

La iglesia está llena, así que usted está de pie en la parte de atrás. Los vitrales colorean el sol de la tarde y vetean los rostros de púrpuras y dorados. Usted reconoce a muchos de ellos. Betania es un pueblo pequeño. Conoce muy bien a las dos mujeres en las primeras bancas. Marta y María son las hermanas de Lázaro. Silenciosa y pensativa María. Animada y ajetreada Marta. Incluso ahora no se puede sentar tranquila. Se la pasa mirando por sobre el hombro. *¿A quién busca?*, usted se pregunta.

En cuestión de momentos entra la respuesta. Y cuando lo hace, ella corre por el pasillo para encontrarse con Él. Si usted no hubiera sabido su nombre, los muchos susurros se lo habrían informado. «Es Jesús». Todos giran la cabeza para mirar.

Jesús lleva corbata, aunque da la impresión de que casi nunca la usa. Su cuello parece tenso y su chaqueta anticuada. Más o menos una docena de hombres lo siguen. Algunos se quedan parados en el pasillo, otros en el vestíbulo. Tienen la apariencia deslucida y ajada, como si hubieran andado toda la noche.

Jesús abraza a Marta, y ella llora. Mientras llora, usted se pregunta. Se pregunta qué irá a hacer Jesús. Se pregunta qué va a decir. Él habla a los vientos y a los demonios. Sorprendente. Sin embargo, ¿a la muerte? ¿Tiene Él algo que decir acerca de la muerte? Con esta acusación Marta interrumpe los pensamientos que usted tiene: «Señor, si hubieses estado aquí, mi hermano no habría muerto» (Juan 11.21).

Usted comprende el desencanto de ella. ¿No eran amigos Jesús y la hermana de Lázaro? Cuando Cristo no tenía dónde ir, «Marta le recibió en su casa» (Lucas 10.38). María y Marta conocían a Jesús. Sabían que él amaba a Lázaro. «Señor —le habían mandado a decir—, el que amas está enfermo» (Juan 11.3). Esta no es una petición de admiradoras. Se trata de un amigo que necesita ayuda.

Desesperadamente necesita ayuda. El idioma griego tiene dos palabras básicas para expresar enfermedad: una describe la presencia de un mal, la otra describe sus efectos. Marta usa la última. Una traducción aceptable de su ruego sería: «Señor, el que amas se está abatiendo rápidamente».

Las amigas envían a Cristo una súplica urgente de una manera humilde, ¿y qué hace Él? «Se quedó dos días más en el lugar donde estaba» (versículo 6). Cuando llega, Marta está tan quebrantada que difícilmente sabe qué decir. Con una inhalación, ella reprende: «Señor, si hubieses estado aquí, mi hermano no habría muerto» (versículo 21). Con la siguiente bocanada de aire aclara: «Mas también sé ahora que todo lo que pidas a Dios, Dios te lo dará» (versículo 22).

Todo funeral tiene sus Martas. Esparcidos entre los deudos están los desconcertados. «Ayúdame a entender esto, Jesús».

Esta ha sido la oración de Karen Burris Davis desde esa mañana de noviembre en que su hijo, y por consiguiente su sol, ya no se levantó. Jacob tenía trece años. La imagen de la salud. Cuatro examinadores médicos no encontraron la causa de la muerte. Ella dice que su pregunta no tiene respuesta.

> Extraño tanto a Jacob que no estoy segura de poder superar esto. Permanezco en el cementerio, sabiendo que su cuerpo está allá abajo, y pienso qué absurdo es sentir como si yo comenzara a cavar, y pudiera verlo una vez más. Simplemente anhelo mucho oler su cabello y tocarlo. Qué rápido desaparece el aroma de alguien. Yo había pensado que permanecería para siempre ese olor agrio de niño y sus olorosas zapatillas de tenis. Por supuesto, a veces olía de veras a jabón y champú. La casa está muy vacía sin su ruido y todos sus planes.[1]

El dolor empaña el corazón como una mañana en la costa de Maine. Quien sufre oye las olas pero no ve el agua. Detecta voces pero no rostros. La vida de quienes están deshechos se vuelve la de un «andariego observador que camina por aeropuertos o tiendas de comestibles mirando fijamente hacia abajo, moviéndose metódicamente entre un mundo borroso. Un pie, luego el otro».[2]

Marta estaba sentada en un mundo húmedo, nublado, triste. Y Jesús se sentó a su lado. «Yo soy la resurrección y la vida; el que cree en mí, aunque esté muerto, vivirá» (versículo 25). Escuche esas palabras en un tono de Superman, si usted quiere. Clark Kent que desciende de la nada, se rasga la camisa y revienta botones para mostrar la S debajo. «¡SOY LA RESURRECCIÓN Y LA VIDA!» ¿Ve usted un Salvador con la ternura del Exterminador evitando las lágrimas de Marta y María y, al hacerlo, diciéndoles a ellas y a todos los dolientes que levanten el ánimo y confíen?

Yo no. No debido a lo que Jesús hace a continuación. Llora. Se sienta en una banca entre María y Marta, pone un brazo por encima de cada una y solloza. Entre los tres se revuelve una ola de tristeza. Se libera un monzón de lágrimas. Lágrimas que convierten en reflejos las concepciones de acuarelas de un Cristo caballero. Jesús llora.

Llora con ellas.

Llora por ellas.

Llora con usted.

Llora por usted.

Llora para que lo sepamos: Luto no es incredulidad. Ojos inundados no representan un corazón desleal. Una persona puede entrar en un cementerio seguro en Jesús de la vida después de la muerte, y sin embargo tener en el corazón un cráter como el de las torres gemelas. Cristo lo hizo. Él lloró, ¡y sabía que estaba a diez minutos de ver a un Lázaro vivo!

Además, las lágrimas de Jesús le permiten a usted derramar las suyas. El dolor no significa que usted no confía. Simplemente significa que no puede soportar el pensamiento de otro día sin el Jacob o el Lázaro de su vida. Si Jesús da el amor, también comprende las lágrimas. Por lo tanto sufra, pero no sufra como aquellos que no conocen el resto de esta historia.

Jesús toca la mejilla de Marta, abraza a María, se pone de pie y mira el cadáver. El ataúd está cerrado. Le dice a Marta que lo haga abrir. Ella sacude la cabeza y empieza a negarse, pero hace una pausa. Se dirige al responsable de la funeraria y le dice: «Ábralo».

Puesto que usted está de pie, puede ver el rostro de Lázaro. Está blanco y parece de cera. Usted piensa que Jesús va a llorar otra vez. No espera que le hable a su amigo.

Pero lo hace. A algunos centímetros del ataúd, Jesús grita: «¡Lázaro, ven fuera!»

Los predicadores siempre se dirigen a los vivos. Pero, ¿a los muertos? Una cosa es segura: Más vale que ese ataúd suene, o este predicador se va a terapia. Usted y todos los demás oyen el ruido. Hay movimiento en el féretro. «El que había muerto salió» (versículo 44).

Los muertos no hacen eso, ¿verdad? Los muertos no salen. Los muertos no despiertan. Los muertos no golpean. La sangre seca no corre. Pulmones vacíos no inhalan. No, los muertos no salen, a menos que oigan la voz del Señor de vida.

Los oídos de los muertos quizáss estén sordos a mi voz y a la suya, pero no a la de Jesús. Cristo es «Señor así de los muertos como de los que viven» (Romanos 14.9). Cuando Él habla a los muertos, estos escuchan. En realidad, si Jesús no se hubiera dirigido a Lázaro por su nombre se habría levantado todo aquel que yace en una tumba en la tierra.

Lázaro se sacude en el féretro, parpadea y mira alrededor del salón como si alguien lo hubiera llevado allí durante una siesta. Una mujer chilla. Otra se desmaya. Todos gritan. ¿Y usted? Usted aprendió algo. Aprendió qué decir en los funerales.

Usted aprendió que es hora de no decir nada. Sus palabras no pueden disipar una bruma, pero su presencia puede calentarla. Sus palabras no pueden devolver a Lázaro a sus hermanas. Pero las de Dios sí. Y solo es cuestión de tiempo para que Él hable. «El Señor mismo con voz de mando … descenderá del cielo, y los muertos en Cristo resucitarán» (1 Tesalonicenses 4.16).

Hasta ese momento sufrimos, pero no como quienes no tienen esperanza.

Y escuchamos. Escuchamos su voz. Porque sabemos quién tiene la palabra final acerca de la muerte.

8

La salida del infierno

Personas atormentadas

Cuando salió él [Jesús] de la barca, enseguida vino a su encuentro,
de los sepulcros, un hombre con un espíritu inmundo, que tenía
su morada en los sepulcros, y nadie podía atarle, ni aun con
cadenas. Porque muchas veces había sido atado con grillos y
cadenas, mas las cadenas habían sido hechas pedazos por él, y
desmenuzados los grillos; y nadie le podía dominar. Y siempre, de
día y de noche, andaba dando voces en los montes y en los sepulcros, e hiriéndose con piedras (Marcos 5.2-5).

Cabello hirsuto y apelmazado. Barba hasta el pecho, hecha
jirones y ensangrentada. Ojos furtivos, que miran en toda dirección y se niegan a quedarse fijos. Desnudo. Sin sandalias para
proteger los pies de las rocas del suelo y sin ropa para proteger la
piel de las rocas en sus manos. Él mismo se golpea con piedras.
Moretones decoran su piel como manchas de tinta. Llagas abiertas
y tajos profundos atraen moscas.

Su hogar es un mausoleo de piedra caliza, una tumba de las
cuevas en la costa galilea en medio de los acantilados. Aparentemente se siente más seguro entre muertos que entre vivos, lo
cual complace a los vivos. Él los desconcierta. ¿Ven los grilletes
agrietados en sus pies y las cadenas rotas en sus muñecas? No
pueden controlar al individuo. Nada lo sujeta. ¿Cómo controla
usted el caos? Los viajeros bordeaban la región por miedo (Mateo

8.28). A los aldeanos les quedó un problema, y a nosotros nos queda una imagen: una imagen de la obra de Satanás.

¿Cómo más explicamos nuestra estrambótica conducta? La furia violenta de un padre. Las parrandas secretas de una madre. La repentina rebelión de un estudiante. Las tarjetas de crédito al máximo de su capacidad, pornografía por Internet. Satanás aún no descansa. Una mirada al hombre desenfrenado muestra la meta de Satanás para usted y para mí.

Dolor autoinfligido. El endemoniado utilizaba rocas. Nosotros somos más sofisticados. Usamos drogas, sexo, trabajo, violencia y comida (el infierno hace que nos hiramos a nosotros mismos).

Obsesión con la muerte y las tinieblas. Hasta encadenado, el endemoniado merodea entre los muertos. Allí el diablo se siente en casa. Estar en íntima comunión con los difuntos, sacrificar a los vivos, una fascinación mórbida con la muerte y los moribundos... no es la obra de Dios.

Inquietud interminable. El hombre de la costa oriental gritaba día y noche (Marcos 5.5). Satanás provoca furia frenética. Jesús dice: «El espíritu inmundo ... anda ... buscando reposo» (Mateo 12.43).

Aislamiento. El hombre está totalmente solo en su sufrimiento. Tal es el plan de Satanás. «El diablo, como león rugiente, anda alrededor buscando *a* quién devorar» (1 Pedro 5.8, énfasis del autor). La comunión frustra la obra de Satanás.

¿Y Jesús?

Jesús arruina la obra del diablo. Cristo sale de la barca disparando ambas pistolas. «Sal de este hombre, espíritu inmundo» (Marcos 5.8).

Sin cotorreo, sin delicadezas, sin saludos. Los demonios no merecen tolerancia. Se arrojan a los pies y la misericordia de Cristo. El líder de la horda suplica por los demás:

¿Qué tienes conmigo, Jesús, Hijo del Dios Altísimo? Te conjuro por Dios que no me atormentes… Y [Jesús] le preguntó: ¿Cómo te llamas? Y respondió diciendo: Legión me llamo; porque somos muchos. Y le rogaba mucho que no los enviase fuera de aquella región (versículos 7, 9-10).

Legión es un término militar romano. En una legión romana había seis mil soldados. Imaginar tal cantidad de demonios en este individuo es aterrador pero no poco realista. Los demonios son para el infierno como los murciélagos para una cueva: demasiados en número.

Los demonios no solo son numerosos, están equipados. Una legión es un batallón furioso. Satanás y sus amigos vienen a pelear. Por consiguiente, se nos insta a «tomar la armadura de Dios, para poder resistir en el día malo, y habiendo acabado todo, estar firmes» (Efesios 6.13).

Debemos armarnos, porque los demonios están organizados. Nuestra lucha es «contra principados, contra potestades, contra los gobernadores de las tinieblas de este siglo, contra huestes espirituales de maldad en las regiones celestes» (Efesios 6.12). Jesús habló de «las puertas del Hades» (Mateo 16.18), una frase que sugiere el «concilio del infierno». Nuestro enemigo tiene un ejército espiritual complejo y maquinador. Rechace cualquier imagen de Satanás vestido de rojo con tridente y cola puntiaguda. El diablo es un diablo fuerte.

Sin embargo, y esto es lo importante en el pasaje, ante la presencia de Dios, el diablo es un pelele. Satanás es para Dios lo que un mosquito para una bomba atómica.

Estaba allí cerca del monte un gran hato de cerdos paciendo. Y le rogaron todos los demonios, diciendo: Envíanos a los cerdos para que entremos en ellos. Y luego Jesús les dio permiso. Y saliendo aquellos espíritus inmundos, entraron en los cerdos, los cuales eran como dos mil; y el hato se precipitó en el mar por un despeñadero, y en el mar se ahogaron (Marcos 5.11-13).

¡Cuán cobarde es la corte del infierno en la presencia de Cristo! Los demonios se inclinan ante Él, y le obedecen. Ni siquiera pueden vivir en un cerdo sin su permiso. ¿Cómo entonces explicamos la influencia de Satanás?

Natalie[1] debe haber hecho esa pregunta miles de veces. En la lista de personajes de una historia de gadarenos modernos, su nombre está cerca de la cima. Ella se crió en un mundo de tormento.

La comunidad no sospechaba nada. Los padres de Natalie proyectaban una fachada amigable. Cada domingo la hacían desfilar junto a sus hermanas por el pasillo de la iglesia. Su padre servía como anciano. Su mamá tocaba el órgano. La congregación los respetaba. La hija los despreciaba. Hasta el día de hoy se niega a llamarlos papá y mamá. Un brujo y una bruja no merecen tal honor.

Cuando Natalie tenía seis años, sus padres la sacrificaron sexualmente en el altar del infierno, etiquetándola como objeto sexual para ser explotada por hombres en cualquier lugar y momento. Miembros de sectas bipolarizaron su mundo: vestida de blanco para el culto dominical y, horas más tarde, desnuda en la orgía. Si no gritaba o vomitaba durante el ataque, la recompensaban con un cono de helado. Solo podía sobrevivir «si se humillaba al máximo».

Natalie escapó milagrosamente de la secta, pero no de los recuerdos. Bien entrada en sus años adultos usaba seis pares de calzones como muro de protección. Los vestidos creaban vulnerabilidad. Ella los evitaba. Odiaba ser mujer, odiaba ver hombres, odiaba estar viva. Solo Dios podía saber la legión de terrores que la perseguían. Dios lo sabía.

Escondida en la ciénaga de su alma había una isla intacta,

pequeña pero segura. Construida, ella cree, por su Padre celestial durante las horas en que la pequeña se sentaba en las bancas de la iglesia. Los mensajes de su amor, los himnos que hablaban de su misericordia… habían dejado su marca. Ella aprendió a retirarse a esta isla y orar. Dios oía sus oraciones. Llegaron consejeros. La esperanza comenzó a compensar el horror. Cada vez su fe era mayor que sus temores. El proceso de sanidad era prolongado y tedioso, pero victorioso, culminando en su matrimonio con un hombre piadoso.[2]

La liberación de Natalie no incluyó acantilados ni cerdos, pero sin equivocación alguna fue liberada. Y a nosotros nos recuerda algo: Satanás puede perturbarnos, pero no puede derrotarnos. La cabeza de la serpiente está aplastada.

Vi una imagen literal de esto en una acequia de la pradera. Una empresa petrolera estaba contratando espaldas fuertes y mentes débiles para tender un oleoducto. Puesto que califiqué, pasé gran parte del verano escolar excavando en lo alto de una depresión en el oeste de Texas. Una enorme máquina excavadora trabajaba delante de nosotros. Nosotros la seguíamos, sacando con palas el exceso de tierra y rocas.

Una tarde la máquina sacó más que tierra. «¡Serpiente!» gritó el capataz. Salimos de la zanja más rápido que un muñeco de una caja de sorpresas y miramos abajo el nido de serpientes de cascabel. La enorme mamá silbaba, y sus pequeñuelos se retorcían. Volver a entrar a la zanja no era la mejor opción. Un obrero lanzó su pala y decapitó la serpiente. Permanecimos sobre tierra alta y observábamos mientras ella —ahora sin cabeza— se retorcía en la suave tierra debajo. Aunque decapitada, la serpiente aún nos producía pánico.

Caramba Max, gracias por la imagen inspiradora.

¿Inspiradora? Quizás no. ¿Pero esperanzadora? Creo que sí. Esa escena en el verano del oeste tejano es una parábola de dónde estamos en la vida. ¿No es el diablo una serpiente? Juan lo llama «da serpiente antigua, que es el diablo y Satanás» (Apocalipsis 20.2).

¿No ha sido decapitado el diablo? No con una pala, sino con una cruz. «Despojando a los principados y a las potestades, [Dios] los exhibió públicamente, triunfando sobre ellos en la cruz» (Colosenses 2.15).

De modo que, ¿cómo nos deja esta verdad? *Confiados*. Lo cómico del pasaje es el poder de Jesús sobre Satanás. Una palabra de Cristo y los demonios están nadando con los cerdos, y el endemoniado está «vestido y en su juicio cabal» (Marcos 5.15). ¡Solo una orden! No se necesitó una sesión de espiritismo. Sin trampas. No se oyeron cánticos ni se prendieron velas. El infierno es un hormiguero contra la aplanadora del cielo. Jesús «manda aun a los espíritus inmundos, y le obedecen» (Marcos 1.27). La serpiente en la zanja y Lucifer en el foso. Ambos encontraron la horma de su zapato.

Sin embargo, ambos sacudieron mucho polvo después de su derrota. Por eso, aunque confiados, debemos ser *cuidadosos*. Aunque es un viejo y desdentado canalla, ¡Satanás da algunos mordiscos! Altera nuestro trabajo, desbarata nuestras actividades y nos deja reflexionando dos veces acerca de dónde nos paramos. Para lo cual debemos ser sobrios, y velar; porque nuestro adversario el diablo, «como león rugiente, anda alrededor buscando a quién devorar» (1 Pedro 5.8). Es necesario estar alertas. No tener pánico. La serpiente aún se mueve e intimida, pero no tiene veneno. Está derrotada, ¡y lo sabe! Sabe «que tiene poco tiempo» (Apocalipsis 12.12).

Mayor es el que está en nosotros, que el que está en el mundo (1 Juan 4.4). Créalo. Confíe en la obra de su Salvador. «Resistid al diablo, y huirá de vosotros» (Santiago 4.7). Mientras tanto, lo mejor que puede hacer es retorcerse.

9

No depende de usted

Personas espiritualmente agotadas

JUAN 3 1-6

Mi perra Molly y yo no nos llevamos bien. El problema no es su personalidad. Usted no encontrará un perro criollo más dulce. Molly ve a todas las personas como amigas y cada día para ella es una fiesta. No tengo problemas con su actitud. Tengo problemas con sus hábitos.

Come sobras de la basura. Lame platos sucios en la lavadora de platos. Deposita pájaros muertos en nuestra acera y roba huesos del perro del vecino. ¡Vergonzoso! Molly se revuelca en el pasto, se muerde la pata, deja suciedades donde no debe hacerlo y, me avergüenza admitirlo, sacia su sed en el inodoro.

Pues bien, ¿qué clase de comportamiento es ese?

Comportamiento canino, diría usted.

Usted tiene razón. Mucha razón. El problema de Molly no es un problema de Molly. Molly tiene un problema de perro. Está en la naturaleza canina hacer tales cosas, y es su naturaleza lo que deseo cambiar. No solo su comportamiento, opinaría usted. Una escuela de obediencia canina puede cambiar lo que ella hace. Yo quiero ir más allá. Quiero cambiar lo que ella es.

He aquí mi idea: una transfusión de mí hacia ella. El depósito de Max plantado en Molly. Deseo darle un fondo de carácter humano. A medida que este crece, ¿no cambiará ella? Se desarrollaría su naturaleza humana, y disminuiría su naturaleza canina. Seríamos testigos no solo de un cambio de hábitos, sino de un

68

cambio de esencia. Con el tiempo Molly sería más como yo, y le disgustaría tanto como a mí comer basura, sorber orina y lamer platos. Tendría una naturaleza nueva. ¿Por qué? Denalyn hasta podría dejarla comer a la mesa.

¿Cree usted que es un plan absurdo? Entonces trátelo con Dios. De Él es la idea.

Dios hace con nosotros lo que me gustaría hacer con Molly. ¡Él cambia nuestra naturaleza de adentro hacia fuera! «Os daré corazón nuevo, y pondré espíritu nuevo dentro de vosotros, y quitaré de vuestra carne el corazón de piedra, y os daré un corazón de carne. Y pondré dentro de vosotros mi Espíritu, y haré que andéis en mis estatutos, y guardéis mis preceptos, y los pongáis por obra» (Ezequiel 36.26-27).

El Señor no nos envía a una escuela de obediencia para aprender nuevos hábitos. Nos envía al hospital para darnos un corazón nuevo. Olvídese del entrenamiento. Él hace trasplantes.

¿Parece extraño? Imagínese cómo le pareció a Nicodemo.

Había un hombre de los fariseos que se llamaba Nicodemo, un principal entre los judíos. Este vino a Jesús de noche, y le dijo: Rabí, sabemos que has venido de Dios como maestro, porque nadie puede hacer estas señales que tú haces, si no está Dios con él (Juan 3.1-2).

Nicodemo es admirable. No solo es uno de los seis mil fariseos, es un principal, uno de los setenta hombres que sirven en el gran concilio. Imagíneselo como un religioso de sangre azul. Él es a la Ley de Moisés lo que los jueces son a la Corte Suprema. Experto. Sus credenciales arrastran su nombre como una toga detrás de un rey. Nicodemo, doctor en filosofía, doctor en teología, maestro en ciencia, maestro en divinidad. Las universidades lo quieren en su junta directiva. Las conferencias lo quieren en su plataforma.

Cuando se trata de religión, él está repleto. Cuando de la vida se trata, está cansado.

Como buen judío, Nicodemo trata de obedecer el Talmud. Nada de esforzarse poco. Él tiene veinticuatro capítulos de leyes relacionadas solo con el día de reposo. Por ejemplo:

- No comer nada más grande que una aceituna. Y si usted muerde una aceituna y descubre que está podrida, lo que escupe es parte de su asignación.

- Usted puede portar suficiente tinta para escribir dos cartas, pero no se permite más tinta por temor de salpicar el suelo y ensuciarlo.

- Los sastres no pueden portar agujas.

- Los muchachos no pueden lanzar pelotas. Nadie puede llevar una carga más pesada que un higo, pero cualquier cosa que pese medio higo se puede llevar dos veces.[1]

¡Uf!

¿Puede un científico estudiar las estrellas y no llorar ante su esplendor? ¿Analizar minuciosamente una rosa y no notar su perfume? ¿Puede un teólogo estudiar la ley hasta descifrar el tamaño de los zapatos de Moisés, pero faltarle la paz necesaria para dormir bien una noche?

Quizás por eso Nicodemo llega en la noche. Está cansado, pero no puede dormir. Cansado de reglas y regulaciones, pero sin poder descansar. Busca una oportunidad. Y presiente que Jesús se la puede dar.

Aunque Nicodemo no pregunta, Jesús le ofrece una respuesta. «De cierto, de cierto te digo, que el que no naciere de nuevo, no puede ver el reino de Dios» (versículo 3).

Este es un lenguaje radical. Para ver el reino de Dios usted necesita un renacimiento sin precedentes de parte de Dios. Nicodemo se queda estupefacto ante el increíble pensamiento. «¿Cómo puede un hombre nacer siendo viejo? ¿Puede acaso entrar por segunda vez en el vientre de su madre, y nacer?» (versículo 4)

¿No le encantan a usted las dos primeras palabras de la última pregunta? *¿Puede acaso?* Nicodemo sabe que un hombre crecido no podría volver a entrar en el canal de nacimiento. No existe la tecla rebobinar en la videocasetera de la vida, ¿verdad? No podemos comenzar de nuevo, ¿no es así? Un hombre no puede nacer de nuevo, ¿o sí? ¿Qué ocasiona la pregunta? ¿Qué hace que Nicodemo agregue esas dos palabras? El viejo Nico debería saberlo mejor. No nació ayer.

Sin embargo, es posible que Nicodemo lo deseara. Quizáss anhelara poder nacer hoy. Tal vez esas dos palabras (¿puede acaso?) surgen de esa parte de su ser que añora fortaleza, vigor juvenil, viento fresco, nuevas piernas.

Parece como si Nicodemo dijera: «Jesús, tengo la energía espiritual de una mula vieja. ¿Cómo pretendes que nazca de nuevo cuando ni siquiera puedo recordar si se puede comer higos el día de reposo? Soy un viejo. ¿Cómo se puede nacer siendo viejo?» Según Cristo, el nuevo nacimiento debe venir de un lugar nuevo. «De cierto, de cierto te digo, que el que no naciere de agua y del Espíritu, no puede entrar en el reino de Dios. Lo que es nacido de la carne, carne es; y lo que es nacido del Espíritu, espíritu es» (versículos 5-6).

¿Podría Jesús ser más directo? «*Nadie* puede entrar al reino de Dios si no naciere de agua y del Espíritu». ¿Quiere usted ir al cielo? No importa cuán religioso sea ni cuántas reglas guarde. Usted debe nacer de nuevo. Debe «nacer de agua y del Espíritu».

Dios no da un baño de esponja. Él lava de la cabeza a los pies. Pablo reflexionó en su conversión y escribió: «Nos salvó, no por obras de justicia que nosotros hubiéramos hecho, sino por su misericordia, por el lavamiento de la regeneración y por la renovación en el Espíritu Santo» (Tito 3.5). A los pecados de usted les va mal ante la manguera contra fuegos de la gracia de Dios.

Sin embargo, se necesita más. Dios no se contenta con limpiarlo a usted. Hace morada en usted. Deposita en usted «da potencia … la cual actúa poderosamente» (Colosenses 1.29).

Dios no hace con usted lo que papá hizo con mi hermano y conmigo. Nuestro auto para ir al colegio era una camioneta Rambler 1965. Esa chatarra tenía tanto glamour como Forrest Gump: tres velocidades, palanca de cambios al piso, asientos cubiertos con plásticos, sin aire acondicionado.

¿Y el motor? Nuestra podadora de césped tenía más potencia. La máxima velocidad del auto, en bajada y con viento a favor, era de ochenta kilómetros por hora. Hasta el día de hoy estoy convencido de que mi padre (un experto mecánico) buscó el auto más lento posible y lo compró para nosotros.

Cuando nos quejábamos del lastimero estado del auto, papá sencillamente sonreía y decía: «Arréglenlo». Hacíamos lo mejor que podíamos. Limpiábamos la alfombra, rociábamos ambientador en los asientos, pusimos un símbolo de paz en el vidrio trasero y colgamos del espejo retrovisor un dado de poliestireno. Quitamos los tapacubos y pintamos los aros de negro. El auto se veía mejor, olía mejor, pero no andaba más ligero. Seguía siendo una chatarra, aunque una chatarra limpia.

No piense ni por un microsegundo que Dios hace esto con usted. Lavar el exterior no es suficiente para Él. Él pone poder en el interior. Mejor dicho, se pone a *sí mismo* en el interior. Esta es la parte que dejó pasmado a Nicodemo. Trabajar para Dios no era nada nuevo. Sin embargo, ¿trabajar con Dios en el interior? *Debo meditar en eso un poco.*

Tal vez usted también deba hacerlo. ¿Es usted un Nicodemo?

¿Religioso como la Plaza de San Pedro pero se siente acabado? ¿Piadoso pero sin poder alguno? De ser así, ¿puedo recordarle algo?

Cuando usted cree en Cristo, Cristo obra un milagro en usted. «Habiendo creído en Él, fuisteis sellados con el Espíritu Santo de la promesa» (Efesios 1.13). Usted está permanentemente purificado e investido de poder por el mismo Dios. El mensaje de Jesús para el individuo religioso es sencillo: «No es lo que tú hagas. Es lo que yo hago. Tengo que entrar». Y a su tiempo usted puede decir con Pablo: «Ya no vivo yo, mas vive Cristo en mí» (Gálatas 2.20). Usted ya no es una chatarra, ni siquiera una chatarra limpia. Es una pulcra máquina de carreras del Circuito de Indianápolis.

Si eso es cierto, Max, ¿por qué aún petardeo? Si he nacido de nuevo, ¿por qué caigo tan a menudo?

¿Por qué cae usted tan a menudo después de haber nacido de nuevo? ¿Salió usted de la matriz usando zapatillas deportivas? ¿Dio dos pasos el día que nació? Por supuesto que no. Además, cuando comenzó a caminar se caía más de lo que permanecía de pie. ¿Deberíamos esperar algo diferente de nuestro caminar espiritual?

Pero caigo tan frecuentemente que cuestiono mi salvación. Vuelvo otra vez a cuando usted nació. ¿Tropezaba mientras aprendía a caminar? Y cuando tropezaba, ¿cuestionaba la validez de su nacimiento físico? Al ser un fracaso de un año de edad, *¿sacudía la cabeza y pensaba: me caí de nuevo, no debo ser humano?*

Por supuesto que no. Los tropiezos de un niño pequeño no invalidan el acto del nacimiento. Asimismo, los tropiezos de un cristiano no anulan su nacimiento espiritual.

¿Comprende usted lo que Dios ha hecho? Ha depositado una semilla de Cristo en usted. A medida que esta crece, usted cambia. No es que el pecado ya no se presente más en su vida, sino más bien que ya no tiene más poder en su vida. La tentación lo molestará, pero no lo dominará. ¡Qué esperanza produce esto!

Nicodemos del mundo, oigan esto: ¡No depende de ustedes!

En su interior mora un poder en ciernes. ¡Confíen en Cristo!

Piense de este modo. Suponga que la mayor parte de su vida ha tenido una afección cardíaca. Su frágil bombeo restringe sus actividades. Cada mañana en el trabajo, mientras los empleados sanos suben por las escaleras, usted espera el ascensor.

Sin embargo, llega entonces el trasplante. En su interior ponen un corazón sano. Después de la recuperación usted regresa a trabajar y encuentra las escaleras, las mismas que antes evitaba. Por hábito espera el ascensor. Pero entonces recuerda. Usted no es la misma persona. Tiene un corazón nuevo. Dentro de usted yace un nuevo poder.

¿Vive usted como la vieja persona o como la nueva? ¿Se cuenta como si tuviera un corazón nuevo o viejo? ¿Desestima el trabajo del cirujano? No. Subir en ascensor solo sugiere una realidad: usted no ha aprendido a confiar en su nuevo poder.

Se necesita tiempo. Pero en algún momento usted debe subir por esas escaleras. Debe probar el corazón nuevo. Debe experimentar el nuevo. Si no lo hace, perderá ímpetu.

Guardar reglas religiosas puede socavar su fortaleza. Es interminable. Siempre hay otra clase a la cual asistir, otro día de reposo que guardar, otro ramadán que observar. Ninguna prisión es tan interminable como la de la perfección. Sus presos encuentran trabajo pero no paz. ¿Cómo la podrían hallar? Nunca saben cuándo han terminado.

Cristo, sin embargo, le obsequia una obra terminada. Él cumplió la ley por usted. Le dijo adiós a la carga de la religión. Ido el temor de tener que hacerlo todo, usted podría no haber hecho suficiente. Usted sube las escaleras, no por sus fuerzas, sino por las de Él. Dios promete ayudar a quienes dejan de intentar ayudarse.

«El que comenzó en vosotros la buena obra, la perfeccionará hasta el día de Jesucristo» (Filipenses 1.6). Dios hará con usted lo que solo sueño hacer con Molly. Cambiarlo de adentro hacia fuera. Cuando Él haya terminado, hasta lo dejará sentarse a la mesa.

IO

El hombre de la basura

Personas imperfectas

JUAN 1 29

La mujer se deja caer en la banca y pone su bolsa de basura entre los pies. Con los codos sobre las rodillas y las mejillas entre las manos mira fijamente la acera. Todo duele: espalda, piernas, cuello. El hombro está entumecido y las manos frías y húmedas. Todo debido a la bolsa.

Ah, cómo librarse de esta basura.

Nubes ininterrumpidas forman un cielo gris, encanecido por mil tristezas. Edificios manchados de hollín proyectan sombras alargadas, que oscurecen los pasillos y las personas en ellos. La llovizna enfría el aire y llena de barro los riachuelos en las alcantarillas. La mujer recoge su chaqueta. Un auto de pasajeros empapa la bolsa y le salpica los *jeans*. Ella no se mueve. Está demasiado cansada.

Los recuerdos de la vida sin basura son borrosos. ¿Quizás de niña? Su espalda estaba más recta, sus pasos eran más rápidos... ¿o fue un sueño? No estaba segura.

Un segundo auto. Este se detiene y se estaciona. Un hombre baja. Ella le observa los zapatos que se hunden en la nieve medio derretida. Él saca del auto una bolsa de basura, llena de grumos por los desperdicios. La coloca en el hombro y maldice el peso.

Ninguno de los dos habla. Quién sabe si él la notó. El rostro de él parece joven, más joven que su espalda encorvada. Al poco tiempo se ha ido. La mirada de la mujer vuelve al pavimento.

Ella nunca mira su basura. Lo hacía al principio. Pero lo que vio la repelió. Por tanto, desde entonces mantiene cerrada la bolsa.

¿Qué más puede hacer? ¿Dársela a alguien? Todos tienen la suya.

Se acerca una madre joven. Con una mano guía a un niño, con la otra arrastra su carga, repleta y pesada.

Se acerca un viejo, el rostro surcado de arrugas. Su bolsa de basura es tan grande que le golpea la espalda y los pies al caminar. Él mira a la mujer e intenta sonreír.

Cuando el viejo pasa, la mujer se pregunta: *¿Qué peso estará él cargando?*

—Pesares.

La mujer se vuelve para ver quién habló. A su lado en la banca se sienta un hombre. Alto, de mejillas angulosas y brillantes, y ojos amables. Como el de ella, los *jeans* de él están manchados de lodo. A diferencia de los de ella, los hombros de él están rectos. Él usa una camiseta y una gorra de béisbol. Con la mirada ella busca la basura de él, pero no la ve.

El hombre observa al viejo que desaparece.

—Cuando era un padre joven trabajaba muchas horas y descuidó a su familia —explicó—. Sus hijos no lo quieren. Su bolsa está llena, llena de pesares.

Ella no responde. Y como no responde, él sí.

—¿Y la tuya?

—¿La mía? —pregunta, mirándolo.

—Vergüenza —la voz del hombre es suave y compasiva.

Ella aún no habla, pero tampoco se vuelve.

—Muchas horas en los brazos equivocados. El año pasado. Anoche… vergüenza.

Ella se pone tensa, envalentonándose contra el menosprecio que ha aprendido a esperar. Como si necesitara más vergüenza. Hacerlo callar. Pero, ¿cómo? Ella espera el juicio de él.

Pero no llega. La voz del hombre es cálida y su pregunta sincera.

—¿Me entregarás tu basura?

La mujer echa para atrás la cabeza. *¿Qué querrá decir?*

—Dámela, mañana, en el vertedero de basura. ¿La llevarás?

Él quita con el pulgar una mancha de barro en la mejilla de ella, y se pone de pie.

—El viernes. En el vertedero.

Ella sigue sentada mucho después de que él se fuera, recordando la escena, volviendo a tocarse la mejilla. La voz de él no desaparece; su invitación se mantiene. Ella intenta desechar sus palabras pero no puede. ¿Cómo podía él saber lo que sabía? ¿Y cómo podía saberlo y aun seguir siendo tan amable? El recuerdo se asienta en el sofá de su alma, un huésped no invitado pero bienvenido.

Al dormir esa noche la mujer tiene sueños. Una jovencita bajo cielos azules y nubes ligeras, jugando con flores silvestres, la falda revolotea. Sueña que corre con manos muy abiertas, rozando copas de girasoles. Sueña con personas felices que inundan un prado con risas y esperanza.

Sin embargo, cuando despierta, el cielo está oscuro, las nubes hinchadas y las calles ensombrecidas. Al pie de su cama yace su bolsa de basura. Levantándola sobre el hombro, sale del apartamento, baja las escaleras y camina por la calle, aún cubierta de nieve medio derretida.

Es viernes.

Por un momento se queda pensativa. Primero se pregunta qué quiso decir él, luego si él en realidad quería decir eso. Ella suspira. Con esperanza que apenas compensa la desesperanza, se vuelve hacia las afueras del pueblo. Otros caminan en la misma dirección. El hombre a su lado huele a alcohol. Ha dormido muchas noches con la ropa puesta. Una adolescente camina algunos metros adelante. La mujer de vergüenza se apresura a alcanzarla. La chica responde antes de que se haga la pregunta:

—Furia. Furia con mi padre. Furia con mi madre. Estoy cansada de la ira. Él dijo que se la llevaría.

Ella mueve la bolsa.

—Se la daré.

La mujer asiente con la cabeza, y las dos caminan juntas.

El vertedero está lleno de basura: papeles, escobas rotas, camas viejas y autos oxidados. Cuando llegan a la colina, la fila hasta la cima es larga. Cientos caminan delante de ellas. Todos esperan en silencio, sorprendidos por lo que oyen: un grito, un bramido atravesado de dolor que hace eco por unos momentos, interrumpido sólo por un gemido. Luego el grito otra vez.

El grito de él.

A medida que se acercan, comprenden el motivo. Él se arrodilla ante cada uno, señalándole la bolsa, ofreciendo un ruego, luego una oración.

—¿Puedo tomarla? Y quizáss nunca la vuelvas a sentir.

Entonces inclina la cabeza y levanta la bolsa, vaciando su contenido en sí mismo. El egoísmo del glotón, la amargura del iracundo, la actitud posesiva del inseguro. Él siente lo que ellos sienten. Es como si hubiera mentido, engañado o insultado a su Hacedor.

Cuando le llega el turno, la mujer hace una pausa. Vacila. Los ojos del hombre la obligan a seguir adelante. Él alcanza la bolsa de ella y la toma.

—No puedes vivir con esto —explica—. No fuiste hecha para eso.

Con la cabeza inclinada, él vacía la vergüenza de ella sobre sus hombros. Después mira hacia el cielo con los ojos llenos de lágrimas.

—¡Lo siento! —grita.

—Pero no hiciste nada —clama la mujer.

Sin embargo, él solloza como ella ha sollozado en su almohada centenares de noches. Es entonces cuando comprende que el grito de él es el suyo. La vergüenza de ella es ahora de él.

La mujer toca con su pulgar la mejilla de él, y por primera vez durante la noche, no tiene basura para cargar.

Ella permanece con los demás en la base de la colina, y observa cuando él es enterrado bajo un montón de sufrimiento. Gime por algún tiempo; luego nada. Solo silencio.

Las personas se sientan entre los autos destrozados, papeles y estufas desechadas, y se preguntan quién es este hombre y qué ha hecho. Como dolientes en un velorio, se detienen. Algunos cuentan historias. Otros no dicen nada. Todos lanzan miradas ocasionales al vertedero de basura. Se siente extraño holgazanear cerca del montón. Pero se siente aun más extraño pensar en salir de allí.

Por lo tanto, se quedan. Durante la noche y el día siguiente. La oscuridad vuelve de nuevo. Un parentesco los conecta, un parentesco a través del hombre de la basura. Algunos dormitan. Otros hacen fogatas en los basureros metálicos y hablan de la repentina abundancia de estrellas en el firmamento nocturno. Cuando llega la mañana casi todos están dormidos.

Casi se pierden el momento. Es la jovencita quien lo ve. La chica que tenía furia. Al principio ella no confía en sus ojos, pero cuando mira de nuevo, comprende.

—Él está de pie —las palabras de ella son suaves, y no están dirigidas a nadie.

—Él está de pie —luego en voz alta, para su amiga que tenía vergüenza.

—Él está de pie —más fuerte para todos.

Ella se da vuelta. Todos lo hacen. Lo ven perfilarse contra un sol dorado.

De pie. En verdad.

Seguunda Parte

No hay lugar adonde Jesús no vaya

Charlie contaba con diez años. Tenía vacaciones escolares por Navidad, y la familia había decidido pasar las fiestas en el campo. El muchacho presionó la nariz contra la ventana saliente de la casa de vacaciones y se maravilló del invierno británico. Estaba feliz de cambiar las calles ennegrecidas de Londres por la blanca frescura de algodón de las colinas cubiertas de nieve.

La madre de Charlie lo invitó a dar una vuelta, lo cual aceptó inmediatamente. Les aguardaba un momento fabuloso. Ella condujo el auto por la serpenteante carretera. Las llantas aplastaban la nieve y el muchacho soplaba su aliento en la ventana. Estaba emocionado. La madre, por otro lado, estaba ansiosa.

Comenzó a caer una copiosa nieve. Disminuyó la visibilidad. Al tomar una curva, el auto se deslizó y no se detuvo hasta caer en una cuneta. La mujer intentó salir. Las llantas solo dieron vueltas. El pequeño Charlie empujaba, y su mamá presionaba el acelerador. Pero sin suerte. Estaban atascados. Necesitaban ayuda.

Kilómetro y medio más adelante había una casa. Mamá e hijo se dirigieron a ella y tocaron a la puerta. «Por supuesto —les dijo la mujer que abrió—. Entren. Caliéntense. Usen el teléfono». Les ofreció té y galletas, y les pidió que se quedaran hasta que llegara ayuda.

¿Un acontecimiento común? No sugiera eso a la mujer que

abrió la puerta. Ella nunca olvidará ese día. Ha contado la historia miles de veces. ¿Y quién no lo haría? No es frecuente que la realeza aparezca en su porche.

Porque los dos viajeros con problemas por el invierno inglés eran nada menos que la reina Isabel y su heredero al trono, Carlos, de diez años.[1]

El mensaje en las calles del cielo y en los labios de cristianos es que algo más grandioso ha pasado en nuestro mundo. La realeza ha caminado por nuestras calles. El príncipe de los cielos ha tocado a nuestra puerta.

Sin embargo, la visita del príncipe no fue accidental, e hizo mucho más que quedarse a tomar té. Aserraderos, desiertos, bajo el agua del Jordán, sobre el agua del mar de Galilea. Aparecía en los lugares más extraños. Lugares donde usted nunca esperaría que se encontrara Dios.

Pero, más que nada, ¿quién habría esperado verlo?

11

A Jesús le encanta
estar con quienes ama

En todo lugar

Vacaciones es período de carreteras. Desde que José y María empacaron sus maletas para ir a Belén, el nacimiento de Jesús ha hecho que la gente se ponga en marcha. De manera interesante, los viajes de Navidad que hacemos tienen mucho en común con la primera travesía de la gente de Jesús. No vemos pastores en medio de la noche, pero se nos ha hecho saber que tropezaremos con un pariente en el camino al baño. No dormimos en establos, pero una sala llena de primos en sacos de dormir huele parecido. Y no montamos en burros, pero seis horas en una minifurgoneta con cuatro muchachos podría hacer que algunas mamás quisieran tener uno.

«Es temporada de viajes». Nada revela el verdadero carácter de los miembros de la familia como un viaje prolongado.

Los padres, por ejemplo, descubrimos nuestras verdaderas identidades en la carretera interestatal. En el espíritu de nuestros antepasados Mayflower y Conestoga, no queremos detenernos. ¿Pidieron instrucciones Lewis y Clark? ¿Pasaron los pioneros la noche en un Holiday Inn? ¿Permitió José a María dar un paseo por una tienda de recuerdos en Belén, con el fin de comprar un adorno para el árbol?

De ninguna manera. Los hombres tenemos un mandato bíblico de viajar lejos y rápido, deteniéndonos solamente por gasolina.

Las esposas, sin embargo, conocen el verdadero motivo de que a los esposos les gusta conducir: la guerra civil en el asiento trasero.

¿Sabía usted que los psicólogos han probado que los asientos traseros tienen un impacto de hombre-lobo en los muchachos? Colmillos, gruñidos, garras. El don de gentes desaparece por el mismo agujero negro en que desaparecieron las papas fritas. Hermanos juntos son sencillamente incapaces de mantener una conversación humana normal. Si un niño dice: «Me gusta esa canción,» usted podría esperar que el otro diga: «Es agradable». No. En lugar de eso replicará: «Apesta, igual que tus zapatos».

El mejor consejo para viajar con hijos es agradecer que no sean adolescentes. Estos se arrastran debajo del auto humillados por sus papás. Les avergüenza lo que decimos, pensamos, usamos, comemos y cantamos. Por consiguiente, papás, si buscan una travesía pacífica (y si alguna vez quieren ver a sus nietos aún no nacidos), no sonrían en un restaurante, no respiren y no canten con la ventana abajo o arriba.

Viajes de vacaciones. No son fáciles. ¿Por qué entonces los hacemos? ¿Por qué abarrotamos las cajuelas de los autos y soportamos los aeropuertos? Usted sabe la respuesta. Nos encanta estar con nuestros seres queridos.

El niño de cuatro años que corre por la acera a los brazos del abuelo.

La taza de café con mamá antes de que el resto de la casa despierte.

Ese momento en que, por un instante, todos están tranquilos mientras nos tomamos las manos alrededor de la mesa y agradecemos a Dios por la familia, los amigos y el pastel de zapallo.

Nos encanta estar con los seres queridos.

¿Podría recordarle algo? Así es Dios. A Él le gusta estar con aquellos a quienes ama. ¿Cómo más explica usted lo que hizo? Entre Él y nosotros había una distancia, un gran espacio. Él no podía soportarlo. No lo podía resistir. Por eso hizo algo al respecto.

Cristo, antes de venir a la tierra, «siendo en forma de Dios ... se despojó a sí mismo, tomando forma de siervo, hecho semejante a los hombres» (Filipenses 2.6-7).

¿Por qué? ¿Por qué Jesús viajó tan lejos?

Me estaba haciendo esa pregunta cuando descubrí las ardillas fuera de mi ventana. Una familia de ardillas de cola negra había hecho su hogar entre las raíces del árbol al norte de mi oficina. Habíamos sido vecinos durante tres años. Ellas me veían picotear el teclado. Yo las veía almacenar sus nueces y trepar el tronco. Nos divertíamos mutuamente. Puedo pasar el día mirándolas. A veces lo hago.

Sin embargo, nunca he pensado en convertirme en ardilla. Su mundo no me atrae. ¿Quién desea dormir al lado de un peludo roedor con ojos redondos y brillantes? (Sin comentarios de las esposas que sienten que ya lo hacen.) ¿Renunciar a los Montes Rocosos, la pesca de róbalo, las bodas y la risa por un hoyo en la tierra y una dieta de avellanas sucias? No cuenten conmigo.

No obstante, cuente con Jesús. Qué mundo dejó. Nuestra mansión con más estilo sería para Él como el tronco de un árbol. La más fina cocina serían nueces en la mesa del cielo. Además, la idea de convertirse en una ardilla con garras, dientes diminutos y cola peluda no es nada si lo comparamos con que Dios se convierta en un embrión de una célula y entre a la matriz de María.

Pero lo hizo. El Dios del universo se dio contra las paredes de un vientre, nació en la pobreza de un campesino y pasó su primera noche en el abrevadero de una vaca. «Aquel Verbo fue hecho carne, y habitó entre nosotros» (Juan 1.14). El Dios del universo dejó la gloria del cielo y entró al vecindario. ¡Nuestro vecindario! Quién habría imaginado que hiciera tal cosa.

¿Por qué? Le encanta estar con quienes ama.

El Dr. Maxwell Maltz cuenta la extraordinaria historia de un amor como este. Un hombre resultó herido en un incendio cuando intentaba salvar a sus padres de una casa en llamas. No pudo llegar hasta ellos. Perecieron. El rostro de él quedó quemado y desfigurado. Equivocadamente interpretó su dolor como castigo de Dios. El hombre no dejaba que nadie lo viera, ni siquiera su esposa.

En busca de ayuda, su esposa acudió al Dr. Maltz, un cirujano plástico. Este le dijo a la mujer que no se preocupara.

—Puedo restaurarle el rostro.

La esposa estaba poco entusiasmada. Su esposo había rechazado una y otra vez cualquier ayuda. Ella sabía que lo haría de nuevo.

Entonces, ¿por qué visitó al médico?

—¡Quiero que usted me desfigure el rostro para ser como él! Si logro vivir su dolor, entonces quizás me deje entrar de nuevo en su vida.

El Dr. Maltz estaba conmocionado. Negó la solicitud de la mujer, pero lo conmovió tanto su amor que fue a hablar con el marido.

—Soy un cirujano plástico —dijo a gritos mientras tocaba la puerta de la habitación del hombre—, y quiero hacerle saber que puedo restaurarle el rostro.

Ninguna respuesta.

—Salga, por favor.

De nuevo ninguna respuesta.

Todavía hablándole a la puerta, el Dr. Maltz le contó al hombre la propuesta de su esposa.

—Ella quiere que yo le desfigure el rostro y se lo deje como el suyo con la esperanza de que usted la vuelva a dejar entrar en su vida. Eso demuestra cuánto lo ama.

Hubo un breve momento de silencio y luego, muy lentamente, la perilla de la puerta comenzó a girar.[1]

El modo en que la mujer se sentía por su esposo es como Dios se siente respecto de nosotros. Pero Él hizo más que hacer una oferta. Adoptó nuestro rostro, nuestra desfiguración. Se volvió como nosotros. Mire solamente los lugares a los que estuvo dispuesto a ir: pesebres, talleres de carpintería, desiertos y cementerios. Los lugares a los que fue para alcanzarnos nos muestran cuán lejos irá para tocarnos.

A Jesús le encanta estar con quienes ama.

12

¿Qué tal es?

Lugares internos
LUCAS 1.38

Solo una madre puede hacer algunas cosas.

Solo una madre puede empolvar el trasero de un bebé con una mano y sostener el teléfono con la otra. Solamente una madre, con el sonido de la llave en la cerradura, puede discernir qué adolescente está entrando. Solo una madre puede pasar un día limpiando narices, lavando suficientes medias para los Yanquis, hacer que la cuenta bancaria no baje de $1.27 y aun tener tiempo para agradecer a Dios por sus hijos. Solo una madre.

Solo una madre puede arreglar algunas cosas. Como la tostadora sin tostada. Como la puerta del gabinete que su esposo no pudo, y el ego magullado de él cuando descubre que ella pudo. ¿Cordones rotos? ¿Corazón quebrantado? ¿Granos en el rostro? ¿Terminó con su amor? Mamá puede controlar eso. Solo una madre puede arreglar algunas cosas.

Solo una madre puede saber algunas cosas. ¿El tiempo que se tarda en conducir desde la lección de piano hasta el entrenamiento en las Ligas Menores? Ella lo sabe. ¿Cuántas pizzas necesita usted para pasar la noche con sus compañeros de colegio? Mamá sabe. ¿Cuántos puntos se hacen al día en el programa de vigilancia del peso, y cuántos días quedan en el semestre? Mamá puede decirle. Ella sabe.

Por lo general los hombres no sabemos. Los chicos generalmente son incompetentes. Las mamás son una especie aparte. El resto de nosotros solo puede maravillarse, solo cavilar. Solo podemos preguntar:

MAMÁ, ¿QUÉ TAL ES?

Cuando sentiste el pie dentro de tu vientre,
cuando el llanto del bebé se oyó por primera vez en el cuarto ...
Pensar que tú y el cielo acababan de redondear la luna ...
¿Qué tal es?

Y el día en que el autobús se detuvo
y tú cerraste hasta el tope la cremallera de la chaqueta
y estampaste un beso en una mejilla de un niño de cinco años,
y dijiste adiós, luego viste el triciclo...
silencioso y sin movimiento...
¿Qué tal es?

La primera vez que notaste su voz profunda.
La primera vez que te preguntó si estabas dormido,
y querías saber si el amor era real.
Y tú le dijiste. ¿Cómo te sentiste?

Luego las velas se encendieron.
Ella bajó por el pasillo.
¿Lloraste? ¿Reíste?
Y cuando tu hijo ya con hijo te contó las nuevas,
y en el silencio de la esquina pidió razones.
«Mamá —susurró—, ¿qué tal es?

¿Lo que le dijiste, nos dirías a nosotros? En realidad, ¿qué tal es?

Si alguna vez nos hemos hecho tales preguntas acerca de las madres, ¿cuánto más nos las hemos hecho acerca de la más famosa de todas las madres: María? Estar embarazada de un bebé es una cosa, pero ¿estar embarazada de Dios? ¿Qué tal es?

El nacimiento virginal es más, mucho más que una historia cristiana. Es una imagen de cuán cerca vendrá Cristo hasta usted. El primer paso en su itinerario fue un vientre. ¿Adónde irá Dios para tocar al mundo? Mire profundamente dentro de María en busca de una respuesta.

Mejor aun, mire dentro de usted mismo. ¡Él nos ofrece lo que hizo con María! A todos sus hijos Él expide una invitación del nivel de María. «Si me lo permites, ¡entraré!»

Abunda en toda la Biblia una preposición que no deja duda alguna: la preposición *en*. Jesús está *en* sus hijos.

Cristo declaró a sus discípulos: «Yo *en* vosotros» (Juan 14.20).

Pablo oró «para que habite Cristo por la fe» *en* los corazones de los efesios (Efesios 3.17).

¿Cuál es el misterio del evangelio? «Cristo *en* vosotros, la esperanza de gloria» (Colosenses 1.27).

Juan fue claro: «El que guarda sus mandamientos, permanece *en* Dios, y Dios *en* él» (1 Juan 3.24).

¿Y la más dulce invitación de Cristo? «He aquí, yo estoy a la puerta y llamo; si alguno oye mi voz y abre la puerta, entraré a él, y cenaré con él, y él conmigo» (Apocalipsis 3.20).

Jesús creció en María hasta que debió salir. Cristo crecerá en usted hasta que lo mismo ocurra. Él saldrá en sus palabras, sus acciones y sus decisiones. Todo lugar en que usted viva será un Belén, y cada día de su vida será una Navidad. Usted, como María, llevará a Cristo al mundo.

¡Dios *en* nosotros! ¿Hemos sondeado la profundidad de esta promesa?

Dios estuvo *con* Adán y Eva, y caminó con ellos al aire del día.

Dios estuvo *con* Abraham, e incluso llamó amigo al patriarca.

Dios estuvo *con* Moisés y los hijos de Israel. Los padres señalaban a sus hijos el fuego en la noche y la nube en el día. Ellos podían asegurar: *Dios está con nosotros.*

Entre los querubines del arca, en la gloria del templo, Dios estaba *con* su pueblo. Estaba *con* los apóstoles. Pedro pudo tocar la barba de Dios. Juan vio dormir a Dios. Multitudes oyeron su voz. ¡Dios estaba *con* ellos!

Él está *en* usted. Usted es la María de los tiempos modernos. Incluso aún más. Él fue un feto en ella, pero es un poder en usted. Él hará lo que usted no puede. Imagínese depositar en su cuenta bancaria un millón de dólares. Para cualquier observador usted parecerá el mismo, excepto por la sonrisa bobalicona, pero ¿será el mismo? ¡Absolutamente no! Con Dios en usted, ¡ahora tiene un millón de recursos que antes no tenía!

¿No puede dejar de beber? Cristo puede. Y Él vive dentro de usted.

¿No puede dejar de preocuparse? Cristo puede. Y Él vive dentro de usted.

¿No puede perdonar al despreciable, olvidar el pasado ni renunciar a sus malos hábitos? ¡Cristo puede! Y Él vive dentro de usted.

Pablo sabía esto. «Para lo cual también trabajo, luchando según la potencia de él, la cual actúa poderosamente *en* mí» (Colosenses 1.29).

Igual que María, Cristo mora en usted y en mí.

¿Encuentra eso difícil de creer? ¿Cuánto más lo fue para María? La línea en la foto anual del colegio de ella no decía: «Aspirante a ser la madre de Dios». No. Nadie estaba más sorprendido que ella por este milagro.

Además, nadie era más pasiva que María. Dios hizo todo. Ella no ofreció ayuda. ¿Qué tenía para ofrecer? ¿Consejo? «Desde mi perspectiva, un coro celestial añadiría un amable toque». Sí, correcto. Ella no ofreció ayuda.

María tampoco opuso resistencia. Lo pudo haber hecho.

«¿Quién soy para tener a Dios en mi vientre? No soy suficientemente buena», pudo haber dicho. O: «Tengo otros planes. No tengo tiempo para Dios en mi vida».

Pero María no dijo tales palabras. En lugar de eso dijo: «He aquí la sierva del Señor; hágase conmigo conforme a tu palabra» (Lucas 1.38). Si ella es nuestra medida, Dios parece menos interesado en el talento, y más interesado en la confianza.

A diferencia de María, tendemos a ayudar a Dios, y suponemos que nuestra parte es tan importante como la de Él. O resistimos, pensando que somos demasiado malos o que estamos demasiado ocupados. Sin embargo, cuando ayudamos o resistimos, perdemos la grandiosa gracia de Dios. Desperdiciamos la razón de estar en la tierra: estar tan embarazados con el hijo celestial de modo que Él viva a través de nosotros. Tener tanta plenitud con Él que podamos decir con Pablo: «Ya no vivo yo, mas vive Cristo en mí» (Gálatas 2.20).

¿A qué podría parecerse *eso*? Tener un hijo adentro es un milagro, ¿pero tener adentro a Cristo?

> Tener mi voz, pero que Cristo hable.
> Mis pasos, pero que Él guíe.
> Mi corazón, pero que su amor palpite en mí,
> a través de mí y conmigo.
> ¿Cómo será tener a Cristo en el interior?
>
> Aprovechar su fortaleza cuando la mía expira
> o sentir la fuerza de furiosos fuegos celestiales
> que purgan malos deseos.
> ¿Podría Cristo llegar a ser todo mi ser?
>
> Mucho de Él, y tan poco de mí,
> que sea Él quien vea por mis ojos.
> ¿Qué tal es ser como una María?
> Ya no más yo, sino Cristo en mí.

13

Una cura para la vida común

Lugares ordinarios

MARCOS 6 3

Usted despertó hoy a un día común. Ningún mayordomo dispuso su baño. Ninguna criada preparó su ropa. No comió huevos a la benedictina ni su jugo de naranja fue recién exprimido. Sin embargo, eso está bien. No hay nada especial en el día. No es su cumpleaños ni Navidad. Es como cualquier otro día. Un día común y corriente.

Por lo tanto usted va al garaje y se sube a su auto corriente. Una vez leyó que los hijos de la reina nunca tenían que conducir. Le han dicho que a ejecutivos y jeques los llevan en helicóptero a sus oficinas. A usted una limosina lo llevó a su recepción de bodas, pero desde entonces ha estado en sedanes y minifurgonetas. Vehículos comunes.

Autos comunes que lo llevan a su trabajo común. Usted lo toma en serio, pero no lo llama extraordinario. No está despejando su calendario para Jay Leno, ni haciendo tiempo para aparecer en el Congreso. Solo se preocupa de que su trabajo esté concluido antes de la hora pico de las seis en que el centro Chicago se convierte en un estacionamiento.

Atrapado en el tráfico de la tarde y listo para esperar en la fila. Fila en la rampa hacia la autopista. Fila en la tienda de comestibles o en la estación de servicio. Si usted fuera el gobernador, o tuviera un Oscar sobre la chimenea, podría evitar las multitudes. Pero no lo es. Usted es alguien común.

Usted lleva una vida común, salpicada de bodas ocasionales, cambios de empleo, trofeos de bolos y graduaciones —algunos hechos destacados—, pero principalmente se trata del ritmo cotidiano que usted tiene en común con la mayoría de los seres humanos.

Como consecuencia, puede utilizar algunos consejos. Debe saber cómo triunfar siendo común. Como sabe, ser común tiene sus peligros. Un rostro en la multitud puede sentirse perdido en esa multitud. Usted tiende a pensar que es improductivo, y se pregunta si dejará alguna contribución perdurable. Además, puede sentirse insignificante. ¿Están considerados los plebeyos en el cielo? ¿Ama Dios a la gente común?

Dios responde estas preguntas de un modo poco común. Si la palabra *común* lo describe a usted, anímese, está en buena compañía. También describe a Cristo.

¿Cristo común? Vamos. ¿Desde cuándo es «común» caminar en el agua? ¿Es «común» hablar a los muertos? ¿Es «común» resucitar muertos? ¿Podemos llamar «común» a la vida de Jesús?

Nueve de cada diez veces sí podemos. Al enumerar los lugares en que Cristo vivió, trace un círculo alrededor del pueblo llamado Nazaret, un simple punto marrón en el borde del aburrimiento. Durante treinta de sus treinta y tres años Jesús llevó una vida común. Aparte de ese único incidente en el templo a los doce años, no hay nada escrito de lo que haya dicho o hecho en los primeros treinta años que caminó en este planeta.

Si no fuera por una afirmación en el evangelio de Marcos, no sabríamos nada del principio de la edad adulta de Jesús. No es mucho, pero da suficiente hilo a fin de tejer una o dos reflexiones para quienes sufren de una vida común. Si usted es amigo de estrellas de la NBA y está suscrito a la revista mensual de yates, *Yachtsmen's Monthly*, podría desentonar. Si no sabe qué decirles a estrellas de la NBA y nunca ha oído de *Yachtsmen's Monthly* entonces anímese. He aquí el versículo:

«¿No es este el carpintero?» (Marcos 6.3).

(Le dije que no era mucho.) Los vecinos de Jesús dijeron estas palabras. Asombrados ante la popularidad de Él al final de la vida, ellos dijeron: «¿No es este el mismo individuo que arregló el techo de mi casa?»

Observe que sus vecinos no dijeron:

«¿No es este el carpintero que me debe dinero?»

«¿No es este el carpintero que estafó a mi padre?»

«¿No es este el carpintero que no terminó mi mesa?»

No, nunca se dijeron estas palabras. Difícilmente el holgazán habría pasado desapercibido en un pueblo pequeño. Los charlatanes van de ciudad en ciudad para sobrevivir. Jesús no necesitó hacer eso. ¿Necesitaba usted que le repararan un arado? Cristo podía hacerlo. ¿Necesitaba un nuevo yunque? «Mi vecino es un carpintero que le cobrará un precio justo». Quizáss el trabajo haya sido común, pero no lo era la diligencia de Cristo. Jesús tomaba en serio su trabajo.

Además, tal vez el pueblo era común, pero no lo era la atención que Jesús le daba. La ciudad de Nazaret se asienta en un alto. Seguramente ningún muchacho nazareno podía resistir una caminata ocasional a la cumbre para observar valle abajo. Sentado a seiscientos metros sobre el nivel del mar, el joven Jesús podía examinar este mundo que Él había hecho. Flores de montaña en la primavera, helados atardeceres, pelícanos que volaban entre los riachuelos de Cisón hacia el mar de Galilea, césped de tomillo esparcido a sus pies, campos y plantas de higo en la distancia. ¿Supone usted que aquellos momentos inspiraron más tarde estas palabras: «Considerad los lirios del campo, cómo crecen» (Mateo 6.28), o «Mirad las aves del cielo» (versículo 26). Las palabras de Jesús el rabino nacieron de los pensamientos del Jesús niño.

Al norte de Nazaret yacen las colinas de Neftalí, repletas de bosques. Destacada en una de ellas estaba la aldea de Safed, conocida en la región como «la ciudad asentada sobre un monte».[1] ¿Pensaba Jesús en Safed cuando dijo: «Una ciudad asentada sobre un monte no se puede esconder» (Mateo 5.14)?

El fabricante de yugos explicaría después: «Mi yugo es fácil» (Mateo 11.30). Aquel que se quitaba el aserrín de los ojos, diría: «¿Por qué miras la paja que está en el ojo de tu hermano, y no echas de ver la viga que está en tu propio ojo?» (Mateo 7.3).

Jesús observaba cómo una semilla en el camino no echaba raíces (Lucas 8.5), y cómo un grano de mostaza producía un gran árbol (Mateo 13.31-32). Recordó el cielo arrebolado en la mañana (Mateo 16.2) y el relámpago en el cielo oriental (Mateo 24.27). Jesús escuchaba su vida común.

¿Está usted escuchando la suya? La lluvia que golpetea contra la ventana. La nieve silenciosa en abril. La risita de un bebé en un avión repleto de gente. Ver un amanecer mientras el mundo duerme. ¿No son esas epístolas personales? ¿Puede Dios hablar por medio de un viaje de ida y vuelta al trabajo, o de un cambio de pañales a medianoche? Tome notas sobre su vida.

> No hay suceso tan común y corriente en que Dios no esté presente, siempre oculto, siempre dejándole a usted espacio para que lo reconozca o para que no lo reconozca. … Vea [su vida] por el misterio incomprensible que es. No menos en el tedio y el dolor que en la emoción y el gozo: tocar, gustar y oler el camino de usted hacia el corazón santo y oculto de la vida, porque en el análisis final todos los momentos son momentos clave, y la vida misma es gracia.[2]

La próxima vez que sienta ordinaria su vida, siga el ejemplo de Jesús. Ponga atención a su trabajo y a su mundo. La obediencia de Jesús comenzó en un pequeño taller de carpintería del pueblo. Su enfoque poco común hacia su vida común lo preparó para su llamado nada común. «Jesús mismo al comenzar su ministerio era como de treinta años» (Lucas 3.23). Para comenzar una vida pública, usted debe dejar la vida privada. Para que Jesús cambiara el mundo debió despedirse de *su* mundo.

Jesús debió dar un beso a María, cenar por última vez en la cocina y dar un último paseo por las calles. ¿Ascendió a una de las colinas de Nazaret y pensó en el día en que subiría a la colina cercana a Jerusalén?

Cristo sabía lo que había de suceder. Dios ya lo había destinado «desde antes de la fundación del mundo» (1 Pedro 1.20). Ya se había escrito cada pizca de sufrimiento, y que simplemente era para representar su papel.

No es que Jesús tuviera que hacerlo. Nazaret era un pueblo acogedor. ¿Por qué no levantar un negocio de carpintería? ¿Mantener su identidad en secreto? Regresar en la era de las guillotinas o las sillas eléctricas y así evitar la cruz. Ser obligado a morir es una cosa, pero es distinto tomar voluntariamente su propia cruz.

Alan y Penny McIlroy lo saben muy bien. El hecho de tener dos hijas adoptadas es encomiable, pero no poco frecuente. El hecho de que hayan adoptado niñas con necesidades especiales es significativo pero no único. Lo que destaca esta historia es la gravedad de los problemas de salud.

Saleena es una recién nacida adicta a la cocaína. La sobredosis de su madre al nacer Saleena la dejó incapaz de oír, ver, hablar o moverse. Penny y Alan la adoptaron a las siete semanas. El médico le dio un año de vida. Ella ha vivido seis.

Cuando Penny me presentó a Saleena le alborotaba el cabello y le apretaba las mejillas, pero Saleena no respondía. Nunca lo hace. Nunca lo hará, a menos que suceda un milagro. Tampoco su hermana. «Esta es Destiny», me dijo Penny. En la cama contigua yace Destiny, de un año de edad, inmóvil y pasiva. Penny nunca oirá la voz de Destiny. Alan nunca conocerá un beso de Saleena. Ellos nunca oirán cantar a sus hijas en un coro, ni las verán en un escenario. Las bañan, las cambian, ajustan sus tubos de alimentación y les relajan sus labios, pero a menos que Dios intervenga, este padre y esta madre nunca oirán más de lo que nosotros oímos esa tarde: respiración barboteante. «Debo succionar la nariz de Saleena —me dijo Penny—. Quizás quieras salir».[3]

Lo hice, y mientras lo hacía me preguntaba ¿qué clase de amor era aquel? ¿Qué clase de amor adopta desastres? ¿Qué clase de amor mira el rostro de unas niñas así, teniendo pleno conocimiento del peso de tal calamidad, y dice: «Las llevo conmigo».

Cuando a usted se le ocurra una palabra que denote tal amor, désela a Cristo. El día que Él salió de Nazaret es el momento en que declaró su devoción por usted y por mí. Simplemente estábamos en un estado espiritualmente indefenso y pasivo por el pecado. Según Pedro, nuestras vidas eran vanas (1 Pedro 1.18). «Pero Dios, que es rico en misericordia, por su gran amor con que nos amó, aun estando nosotros muertos en pecados, nos dio vida juntamente con Cristo … y juntamente con él nos resucitó» (Efesios 2.4-6).

Jesús salió de Nazaret en busca de las Saleena y Destiny espirituales del mundo, y nos dio vida.

Después de todo, quizás no seamos tan comunes.

14

Ah, libre de PDP

Lugares religiosos

¿Recuerda cuando la gente contraía virus? ¿Recuerda cuando palabras como *parásito* y *lombrices* se aplicaban a organismos vivos y a hermanos pequeños? ¿Recuerda cuando los médicos trataban las infecciones virales y *cuarentena* significaba aislamiento de personas y mascotas enfermas?

Ya no. Actualmente las computadoras se enferman. Si la preparación de este capítulo hubiera comenzado varias horas antes no habría salido en mi pantalla de computadora una advertencia biopeligrosa, como de guerra química. «¡No abra nada! ¡Su computadora podría tener un virus!» Yo casi esperaba que unos agentes del Centro de Control de Enfermedades entraran corriendo y con equipo radiactivo, que me cubrieran y que salieran corriendo con mi computadora portátil.

No fue así, pero llegó un médico de computadoras e instaló un programa antivirus que protege la máquina contra 60.959 virus.

Empecé a preguntar si ébola era uno, pero no fue así. Me enteré que se han creado centenares de miles de virus, supongo que los hicieron los mismos tipos que escriben las paredes de los edificios y desenroscan los saleros en los restaurantes. Alborotadores que como el caballo de Troya entran a su computadora y engullen sus datos como un Pac-Man. Le dije al técnico en computación que nunca había visto algo así.

Más tarde comprendí que sí lo había hecho. En realidad, un virus de computadora es un resfriado común comparado con el ataque del nivel de Chernobyl que debo enfrentar. Piense en su mente como una computadora hecha para almacenar y procesar inmensas cantidades de información (sin comentarios acerca de la capacidad mental de su vecino, por favor). Piense en sus fortalezas como software. Los pianistas están equipados con programas musicales. Los contadores parecen nacer con capacidad de hojas de cálculo. Los amantes de la diversión con juegos instalados. Somos diferentes, pero cada uno tiene una computadora y un programa y, tristemente, tenemos virus. Usted y yo estamos infectados por pensamientos destructivos.

Los virus de computadora tienen nombres como Klez, Anna Kournikova, y TEAMO. Los virus mentales se conocen como ansiedad, amargura, ira, culpa, vergüenza, codicia e inseguridad. Se deslizan dentro de su sistema y disminuyen e incluso inutilizan su mente. Los llamamos PDP: Patrones Destructivos de Pensamiento (en realidad soy el único que los llama así).

¿Tiene usted PDP?

Cuando ve triunfadores, ¿se pone celoso?

Cuando ve gente que lucha, ¿se pone pedante?

Si alguien trata con el lado malo de usted, ¿tiene esa persona tantas probabilidades de tratar con su lado bueno como yo de ganar la Vuelta a Francia?

¿Ha discutido alguna vez con alguien en su mente? ¿Repasa y ensaya sus penas? ¿Supone usted lo peor acerca del futuro?

De ser así, usted sufre de PDP.

¿Cómo sería su mundo sin ellos? Si ningún pensamiento oscuro o destructivo hubiera entrado en su mente, ¿cuán diferente sería? Suponga que puede volver a vivir sin culpa, lujuria, venganza, inseguridad o temor, y sin perder energía mental en chismes o intrigas, ¿sería usted diferente?

¿Qué tendría usted que no tiene? (En las páginas 111-112 se sugieren respuestas.)

¿Qué habría hecho que no ha hecho? (En las páginas 111-112 se sugieren respuestas.)

Ah, libre de PDP. Sin pérdida de energía, sin tiempo perdido. ¿No sería tal individuo enérgico y sabio? Toda una vida de pensamientos sanos y santos haría de cualquiera un genio feliz.

Pero, ¿dónde es posible encontrar tal individuo? Se puede comprar una computadora no infectada, pero ¿una persona no infectada? Imposible. Rastree un virus de computadora hasta un pirata cibernético. Rastree nuestros virus mentales hasta la caída del primer hombre, Adán. Debido al pecado, nuestras mentes están llenas de pensamientos oscuros. «Pues habiendo conocido a Dios, no le glorificaron como a Dios, ni le dieron gracias, sino que se envanecieron en sus razonamientos, y su necio corazón fue entenebrecido. Profesando ser sabios, se hicieron necios» (Romanos 1.21-22).

Culpe del pecado a los PDP. El pecado se mete con la mente. Pero, ¿y si el virus no entró? Suponga que una persona nunca abrió los correos electrónicos de Satanás. ¿Cómo sería esa persona?

Sería muy parecido al niño de doce años sentado en el templo de Jerusalén. Aunque no tenía barba ni adornos, sus pensamientos eran profundos. Pregúntele a los teólogos con quién conversó. Lucas lo relata así:

> Y aconteció que tres días después [los padres de Jesús] le hallaron en el templo, sentado en medio de los doctores de la ley, oyéndoles y preguntándoles. Y todos los que le oían, se maravillaban de su inteligencia y de sus respuestas (Lucas 2.46-47).

José y María estuvieron separados de Jesús durante tres días. El templo era el último lugar en que pensaron encontrarlo. Pero fue el primer lugar al que fue Jesús. No fue a casa de un primo ni a casa de un compañero de juegos. Buscó el centro mismo del pensamiento piadoso y, al hacerlo, nos inspira a hacer lo mismo. Cuando José y María localizaron a su hijo, Él había confundido a los hombres más doctos del templo. Este niño no pensaba como un niño.

¿Por qué? ¿Qué hizo diferente a Jesús? La Biblia no dice nada de su coeficiente de inteligencia. Cuando se trata del RAM de su computadora mental, no se nos dice nada. Pero cuando se trata de su pureza mental, se nos da esta afirmación asombrosa: Cristo «no conoció pecado» (2 Corintios 5.21). Pedro dice que Jesús «no hizo pecado, ni se halló engaño en su boca» (1 Pedro 2.22). Juan estuvo a su lado durante tres años y concluyó: «No hay pecado en Él» (1 Juan 3.5).

El alma de Jesús no tenía mancha, y sorprendente fue la testificación de quienes lo conocieron. Su hermano carnal llamado Santiago llamó a Cristo «el justo» (Santiago 5.6). Pilato no pudo hallar falta en Él (Juan 18.38). Judas confesó que al traicionar a Cristo traicionaba sangre inocente (Mateo 27.4). Incluso los demonios declararon el estado único de Jesús: «Yo te conozco quién eres, el Santo de Dios» (Lucas 4.34).

El testimonio más enérgico de la perfección de Cristo fue el silencio que siguió a esta pregunta: Cuando sus acusadores lo llamaron siervo de Satanás, Jesús les exigió ver su evidencia. Los desafió: «¿Quién de vosotros me redarguye de pecado?» (Juan 8.46). Pida a mi círculo de amistades que señalen mis pecados, y vea cómo se levantan las manos. Cuando se les hizo la misma pregunta a los que conocían a Jesús, nadie habló. A Cristo lo siguieron sus discípulos, lo analizaron multitudes, lo criticaron sus familiares, y lo examinaron sus enemigos. Sin embargo, nadie recordaba que alguna vez hubiese cometido un pecado. Nunca se le encontró en el lugar equivocado. Nunca dijo la palabra equivocada. Nunca actuó de modo equivocado. Nunca pecó. No es que no fuera tentado, fíjese usted. Él «fue tentado en todo según nuestra semejanza, pero sin pecado» (Hebreos 4.15).

El deseo lo cortejó. La codicia lo atrajo, el poder lo llamó. Jesús —el humano— fue tentado. Pero Jesús —el Dios santo— resistió. Le llegaron correos electrónicos contaminados, pero Él resistió el impulso de abrirlos.

La expresión *sin pecado* nunca ha sobrevivido en relación con otra persona. Quienes conocieron mejor a Cristo, no obstante, concordaban al hablar con convicción acerca de la pureza de Jesús. Puesto que no pecó, su mente estaba sin mancha. Sin PDP. No en balde las personas se «admiraban de su doctrina» (Marcos 1.22). Su mente estaba libre de virus.

Sin embargo, ¿importa esto? ¿Me afecta la perfección de Cristo? Si Él fuera un creador distante, la respuesta sería no. Pero puesto que es un Salvador vecino, ¡la respuesta es un extraordinario sí!

¿Recuerda al niño de doce años en el templo? ¿Aquel con excelentes pensamientos y una mente de teflón? Adivine qué. ¡Esa es la meta de Dios para usted! ¡Usted está hecho para ser como Cristo! La prioridad de Dios es que usted sea transformado «por medio de la renovación de vuestro entendimiento» (Romanos 12.2). Usted pudo haber nacido sin propensión a virus, pero no ha vivido de ese modo. ¡Hay esperanza para su cabeza! ¿Es usted alguien que se preocupa? No tiene que hacerlo para siempre. ¿Plagado de culpa y vergüenza? ¿Propenso al enojo? ¿Celoso? Dios puede encargarse de eso. Él puede cambiar su mente.

Si alguna vez hubo un candidato a PDP, ese fue George. Peculiar por la amargura y la ira, pudo haber pasado su vida desquitándose. Pero no lo hizo. No lo hizo debido a que Mariah Watkins le enseñó a tener buenos pensamientos. Las necesidades de cada uno atrajeron al otro: Mariah, una comadrona sin hijos, y George, un huérfano indigente. Ella lo recogió.

Otros se niegan a hacer lo mismo. La escuela de blancos no lo aceptó. No hay problema, aseguró Mariah, iremos a la escuela de negros. Un día él le dijo a Mariah que era una suerte tenerla. «La suerte no tiene nada que ver con esto», le respondió ella, y le enseñó acerca de la soberanía de Dios. Él aprendió a acoger los pensamientos más elevados, a leer la Biblia todos los días. «Apréndela toda y habla de ella», lo instaba. Cuando él salió de casa de Mariah, ella había dejado en él su huella.[1]

Cuando George dejó este mundo, él había dejado la suya.

George —George Washington Carver— es un padre de la agricultura moderna. La historia lo acredita con más de trescientos productos extraídos solo del maní. El alguna vez huérfano huésped de Mariah Watkins se convirtió en el amigo de Henry Ford, del Mahatma Gandhi y de tres presidentes. Entraba a su laboratorio cada mañana con la oración: «Abre mis ojos para que pueda contemplar las maravillas de tu ley».[2]

Dios responde tales oraciones. Él cambia al hombre cambiándole la mente. ¿Cómo sucede esto? Haciendo lo que usted hace ahora mismo. Reflexionando en la gloria de Cristo. «Nosotros todos, mirando a cara descubierta como en un espejo la gloria del Señor, somos transformados de gloria en gloria en la misma imagen, como por el Espíritu del Señor» (2 Corintios 3.18).

Contemplar a Cristo es llegar a ser como Él. Cuando Cristo domina los pensamientos de usted, Él lo cambia de un grado de gloria a otro hasta que —¡agárrese!— usted está listo para vivir con Él.

El cielo es reino de mentes sin pecado, de pensamientos libres de virus, de absoluta confianza, sin temor ni enojo. Vergüenza y doble ánimo son prácticas de una vida anterior. El cielo será maravilloso, no debido a que las calles sean de oro, sino porque nuestros pensamientos serán puros.

Por lo tanto, ¿qué está usted esperando? Aplique el antivirus de Dios: «Poned la mira en las cosas de arriba, no en las de la tierra» (Colosenses 3.2). Dele sus mejores pensamientos, y vea cómo Él cambia su mente.

15

De peatón a dueño de auto

Lugares inesperados

MATEO 3 13-17

Nadie le pone atención especial. No es que se lo debería hacer. Nada en su apariencia lo distingue de la multitud. Igual que el resto, él está de pie en la fila, esperando su turno. Siente entre los dedos de los pies la agradable frialdad del barro, y acoge con beneplácito el chapoteo del agua. Él, como los demás, puede oír a la distancia la voz del predicador.

Entre bautismos, Juan el Bautista se pone a predicar. Impetuoso. Feroz. Fiero. Intrépido. De piel bronceada. Con mechones sin cortar. Sus ojos son tan naturales como el campo del que viene. Toda su presencia es un sermón, una voz, «voz del que clama en el desierto: Preparad el camino del Señor» (Lucas 3.4).

Juan está con el agua hasta la cintura en el Jordán de color cobalto. Se hace la ropa de piel de camello, come insectos y, más que nada, llama a todas las personas a entrar en el agua. «Él fue por toda la región contigua al Jordán predicando el bautismo del arrepentimiento para perdón de pecados» (Lucas 3.3).

El bautismo no era una práctica nueva. Era un rito obligatorio para cualquier gentil que deseaba convertirse en judío. Era para gente anticuada, de segunda clase, no escogida. No para las clases limpias, encumbradas y favoritas: los judíos. He aquí el problema. Juan se niega a hacer diferencias entre judíos y gentiles. A su modo de ver, todo corazón necesita una obra en detalle.

Todos los corazones, es decir, excepto uno. Por eso Juan se asombra cuando ese uno entra al río.

Mas Juan se le oponía, diciendo: Yo necesito ser bautizado por ti, ¿y tú vienes a mí? Pero Jesús le respondió: Deja ahora, porque así conviene que cumplamos toda justicia. Entonces le dejó. Y Jesús, después que fue bautizado, subió luego del agua; y he aquí los cielos le fueron abiertos, y vio al Espíritu de Dios que descendía como paloma, y venía sobre él. Y hubo una voz de los cielos, que decía: Este es mi Hijo amado, en quien tengo complacencia (Mateo 3.14-17).

Es comprensible la renuencia de Juan. Una ceremonia bautismal es un lugar extraño para encontrar al Hijo de Dios. Este debía ser el bautizador, no el bautizado. ¿Por qué Cristo querría ser bautizado? Si el bautismo era y es para el pecador confeso, ¿cómo explicar la inmersión de la única alma sin pecado en la historia?

Usted encontrará la respuesta en el tiempo verbal: «Jesús le respondió: Deja ahora, porque así conviene que cumplamos toda justicia» (versículo 15).

¿A quiénes se refiere con «cumplamos»? A Jesús y nosotros. ¿Por qué se incluye? Es fácil comprender por qué usted y yo, y Juan el Bautista y las multitudes en el río tenemos que hacer lo que Dios dice. ¿Pero Jesús? ¿Por qué debería bautizarse?

He aquí la razón: Jesús hizo por nosotros lo que yo hice por mis hijas en la tienda del aeropuerto La Guardia, en Nueva York. El letrero sobre las piezas de cerámica decía: No tocar. Pero el deseo era más fuerte que la advertencia, y ella la tocó... y se cayó. Cuando miré, la pequeña Sara, de diez años, sostenía los dos pedazos de la ciudad de Nueva York recortada contra el horizonte. Al lado de Sara había un gerente preocupado. Sobre ambos estaba la regla escrita. Entre ellos se hizo un silencio nervioso. Mi hija no tenía dinero. Él no tenía misericordia. Por eso hice lo que los papás hacen. Tomé cartas en el asunto. Le pregunté: «¿Cuánto le debemos?»

¿Por qué yo debía algo? Simple. Ella es mi hija. Y puesto que no podía pagar, yo lo hice.

Puesto que usted y yo no podemos pagar, Cristo lo hizo. Hemos roto mucho más que recuerdos típicos. Hemos roto mandamientos, promesas y, peor que todo, hemos roto el corazón de Dios.

Sin embargo, Cristo ve nuestra súplica. Con la ley en la pared y mandamientos hechos añicos en el suelo, Él se para cerca (como un vecino) y ofrece un regalo (como un Salvador).

¿Qué debemos? Debemos a Dios una vida perfecta. Perfecta obediencia a todos los mandatos. No solo el mandamiento del bautismo, sino los de humildad, honestidad e integridad. No podemos cumplir. También se nos podría cobrar la propiedad de Manhattan. Pero Cristo puede pagar, y lo hizo. Su zambullida en el Jordán es una representación de su zambullida en nuestro pecado. El bautismo de Él anuncia: «Déjame pagar».

Con su bautismo usted responde: «Seguro que te dejaré». Él ofrece públicamente. Nosotros aceptamos públicamente. «Todos los que hemos sido bautizados en Cristo Jesús, hemos sido bautizados en su muerte» (Romanos 6.3). En el bautismo nos identificamos con Cristo. Pasamos de peatones a dueños de auto. Salimos de las sombras, señalamos en su dirección y anunciamos: «Venimos con Él».

Yo solía hacer esto en el autocine.

¿Recuerda los autocines? (chicos, pregúntenles a un adulto) El único en Andrews, Texas, tenía una oferta los viernes por la noche: un auto lleno por el precio del conductor. Era lo mismo que en el auto hubiera un pasajero o una docena, el precio era igual. A menudo optábamos por la docena. La ley no nos permite hoy día hacer lo que hacíamos entonces. Hombros apretados. Los pequeños en el regazo de los grandes. El viaje era lamentable, pero el precio era bueno. Cuando la persona de la boletería miraba el interior, señalábamos al conductor y decíamos: «Venimos con él».

Dios no le dice a usted que se suba al auto de Cristo. ¡Le dice que se suba en Cristo! «Ninguna condenación hay para los que están en Cristo Jesús» (Romanos 8.1). ¡Él es su vehículo! El bautismo celebra la decisión de usted de sentarse en el vehículo. «Todos los que habéis sido bautizados *en* Cristo, de Cristo estáis revestidos» (Gálatas 3.27). No somos salvos por la acción, sino que la acción demuestra el modo en que somos salvos. Se nos da crédito por una vida perfecta que no llevamos... por una vida que nunca podríamos llevar.

Se nos da un regalo similar al que Billy Joel le dio a su hija. Ella estaba en Nueva York en su duodécimo cumpleaños, y el músico pop estaba en Los Ángeles. La llamó por teléfono esa mañana, disculpándose por su ausencia, pero le dijo que esperara la entrega de un gran paquete antes de terminar el día. Al responder al timbre esa noche la hija encontró una caja de dos metros, vivamente envuelta. La abrió, y de ella salió su padre, recién descendido del avión que lo había llevado de la costa oeste.[1]

¿Puede usted imaginar la sorpresa de la hija?

Quizás pueda. El obsequio para usted también vino en la carne.

16

Invierno prolongado y solitario

Lugares desiertos

LUCAS 4 1-13

Lo yermo del desierto. Tierra reseca, rocas afiladas, arenas movedizas, sol ardiente, espinos cortantes, espejismos de oasis, horizonte ondulado siempre fuera del alcance. Esto es lo yermo del desierto.

Lo yermo del alma. Promesas resecas, palabras ásperas, compromisos movedizos, ira ardiente, rechazos cortantes, espejismos de esperanza, soluciones distantes siempre fuera del alcance. Esto es lo yermo del alma.

Algunos conocen el primero. Todos conocemos el segundo. Jesús, sin embargo, conoció ambos.

Con la piel aún húmeda por las aguas del Jordán se alejó del alimento y las amistades y entró al territorio de hienas, lagartos y buitres. «Fue llevado por el Espíritu al desierto por cuarenta días, y era tentado por el diablo. Y no comió nada en aquellos días, pasados los cuales, tuvo hambre» (Lucas 4.1-2).

El desierto no constituyó una época típica para Jesús. La normalidad quedó en el Jordán y se volvería a descubrir en Galilea. El desierto era y es atípico. Un gran paréntesis en la historia de la vida. Una temporada temible de encuentros frente a frente con el diablo.

Usted no necesita viajar a Israel para experimentar el desierto. Un cementerio será suficiente. También un hospital. El dolor puede llevarlo al desierto. También el divorcio, las deudas o la depresión.

Esta mañana supe de un amigo que creía que estaba libre de cáncer, pero debe regresar a la quimioterapia. Desierto. En el almuerzo encontré a alguien que una vez me habló de su difícil matrimonio. Le pregunté cómo le iba. «Se está acabando», encogió los hombros. Desierto. Abrí un correo electrónico de una conocida que está pasando el verano en casa de su moribunda madre. Ella, el hospicio para desahuciados y la muerte. Espera. En el desierto.

Con frecuencia usted puede escribir sobre las correrías del desierto a la transición. Jesús entró al río Jordán como un carpintero y salió como un Mesías. Su bautismo encendió un interruptor.

¿Algunas transiciones últimamente? ¿Una transferencia? ¿Ascenso en el trabajo? ¿Descenso en el trabajo? ¿Una casa nueva? De ser así, tenga cautela. El desierto podría estar cerca.

¿Cómo sabe usted si está en un desierto?

Usted está solo. Ya sea en realidad o en sentimiento, nadie puede ayudarlo, comprenderlo o rescatarlo.

Su lucha parece interminable. El número cuarenta en la Biblia se asocia con batallas prolongadas. Noé enfrentó lluvia durante cuarenta días. Moisés enfrentó el desierto durante cuarenta años. Jesús se enfrentó a la tentación durante cuarenta días. Observe, por favor, que Él no se enfrentó a la tentación un día de cuarenta. Jesús estuvo en el desierto «por cuarenta días, y era tentado por el diablo» (versículo 2). La batalla no estaba limitada a tres preguntas. Jesús pasó un mes y diez días agarrado a los porrazos con Satanás. El desierto es un invierno prolongado y solitario.

Médico tras médico. Currículo tras currículo. Pañal tras pañal. Zoloft [contra la depresión] tras Zoloft. Dolor de cabeza tras dolor de cabeza. El calendario está estancado en febrero, y usted está varado en Dakota del Sur y ni siquiera puede recordar a qué huele la primavera.

Un síntoma más de las zonas desérticas de Dakota del Sur y

Nebraska: Usted piensa lo inimaginable. Jesús lo hizo. Posibilidades salvajes cruzaron su mente. ¿Asociarse con Satanás? ¿Optar por ser un dictador y no un Salvador? ¿Incendiar la Tierra y comenzar de nuevo en Plutón? No sabemos qué pensó. Solo sabemos esto: Fue tentado. Y «cada uno es tentado, cuando de su propia concupiscencia es atraído y seducido» (Santiago 1.14). La tentación nos «atrae» y «seduce». Lo que era inimaginable antes del desierto se vuelve posible en él. Un matrimonio difícil puede hacer que un buen hombre mire dos veces a la mujer equivocada. Una enfermedad prolongada hace que hasta el alma más resistente piense en el suicidio. El estrés hace que el club nocturno más cargado de humo huela agradable. El desierto debilita la determinación.

Por eso el desierto es la sala de maternidad para las adicciones. Hartarse de comida, jugarse hasta el último centavo, beber en exceso, pornografía… todas soluciones a corto plazo para problemas profundamente arraigados. Típicamente no tienen atractivo, pero en el desierto usted piensa en lo inimaginable.

Jesús lo hizo. Él fue «tentado por el diablo» (Lucas 4.2). Palabras de Satanás, aunque por un momento, le dieron que pensar. Quizás no hubiera comido el pan, pero se detuvo bastante tiempo frente a la panadería para olerlo. Cristo conoce el desierto. Más de lo que usted se podría imaginar. Después de todo, ir allá fue idea de Él.

No culpe a Satanás de este episodio. Él no llegó al desierto a esperar a Jesús. Jesús fue al desierto en su búsqueda. «Jesús fue llevado por el Espíritu al desierto, *para ser tentado* por el diablo» (Mateo 4.1). El cielo organizó esta cita. ¿Cómo explicamos esto? Aumenta de nuevo la lista de lugares sorprendentes. Si Jesús en el vientre y en las aguas del Jordán no lo dejan anonadado a usted, Jesús en el desierto sí lo hará. ¿Por qué Él fue al desierto?

¿Significa algo para usted la palabra *revancha*? Por segunda vez en la historia una mente no caída será desafiada por el ángel caído.

El postrer Adán ha venido para triunfar donde el primer Adán falló. Jesús, no obstante, enfrenta una prueba mucho más difícil. Adán fue probado en un huerto; Cristo está en una inhóspita tierra yerma. Adán enfrentó a Satanás con el estómago lleno. Cristo está en medio de un ayuno. Adán tenía compañía: Eva. Cristo no tiene a nadie. Adán fue desafiado a permanecer sin pecado en un mundo sin pecado. Cristo, por otra parte, es retado a permanecer sin pecado en un mundo atormentado por el pecado.

Despojado de cualquier ayuda o excusa, Cristo desafía al diablo a subir al cuadrilátero. «Has estado persiguiendo a mis hijos desde el principio. Mira qué puedes hacer conmigo». Y Satanás lo hace. Durante cuarenta días los dos estuvieron toque a toque. El Hijo del cielo es tentado pero no flaquea, es golpeado pero no derribado. Triunfa donde Adán fracasó. Esta victoria, según Pablo, es una enorme victoria para todos nosotros. «Así que, como por la transgresión de uno vino la condenación a todos los hombres, de la misma manera por la justicia de uno vino a todos los hombres la justificación de vida» (Romanos 5.18).

Cristo sigue su papel como representante, doble o sustituto. Él hizo por usted lo que mi amigo Bobby Aycock hizo por David. Los dos estaban en el campamento de entrenamiento de reclutas en 1959. David era un soldado muy simpático, pero físicamente desfavorecido. Tenía el deseo pero no las fuerzas. Sencillamente no había manera de que pasara la prueba física final. Demasiado débil para las flexiones.

Pero Bobby tenía tal cariño por David que ideó un plan. Se puso la camiseta de su amigo. La camiseta llevaba el apellido de David, dos iniciales y el número de serie de servicio. Los superiores no conocían los rostros, solo leían los nombres y números de las camisetas y anotaban puntuaciones en una lista de nombres. De modo que Bobby hizo las flexiones de David. David terminó muy bien, y ni siquiera sudó.

Usted tampoco. Escuche, usted y yo no podemos competir con Satanás. Jesús lo sabe. Por eso se puso nuestra camiseta. Mejor aún, se puso nuestra carne. Fue «tentado en todo según nuestra semejanza, pero sin pecado» (Hebreos 4.15). Debido a que lo hizo, nosotros pasamos airosos la prueba.

El Señor le dio a usted la calificación de Jesús en el desierto. Créalo. De no ser así, los días del desierto le darían una seguidilla de golpes. El gancho de derecha es pasar apuros. El golpe rápido de izquierda es la vergüenza por no prevalecer contra él. Confíe en la obra de Jesús.

Confíe también en su Palabra. No confíe en las emociones de usted, ni en sus opiniones, ni siquiera en sus amigos. En el desierto préstele atención solo a la voz de Dios.

Además, Jesús es nuestro modelo. ¿Recuerda cómo Satanás lo provocó? «Si eres Hijo de Dios…» (Lucas 4.3, 9). ¿Por qué Satanás diría esto? Porque sabía lo que Cristo había oído en el bautismo: «Este es mi Hijo amado, en quien tengo complacencia» (Mateo 3.17).

«¿Eres de verdad el Hijo de Dios?», pregunta Satanás. Luego viene el desafío: «¡Pruébalo!»

La prueba es hacer algo:

«Di a esta piedra que se convierta en pan» (Lucas 4.3).

«Si tú postrado me adorares, todos serán tuyos» (versículo 7).

«Échate de aquí abajo» (versículo 9).

¡Qué sutil seducción! Satanás no denuncia a Dios, simplemente siembra dudas acerca de Dios. ¿Es suficiente su obra? A las obras terrenales —como transformar piedras en pan o saltar del templo— les da igual importancia que a las obras celestiales. Él intenta, siempre gradualmente, que nuestra fuente de confianza deje de ser la promesa divina y que nuestro desempeño tome su lugar.

Jesús no muerde el anzuelo. No se necesitan señales celestiales.

No solicita un relámpago. Sencillamente cita la Biblia. Tres tentaciones. Tres declaraciones.

«Escrito está» (versículo 4).

«Escrito está» (versículo 8).

«Dicho está» (versículo 12).

El arma de supervivencia de Jesús es la Biblia. Si las Escrituras fueron suficientes para su desierto, ¿no deberían ser suficientes para el nuestro? Entienda bien. Todo lo que usted y yo necesitamos para sobrevivir en el desierto está en el Libro. Simplemente debemos hacerle caso.

En un viaje al Reino Unido, nuestra familia visitó un castillo. En el centro de los jardines había un laberinto. Vuelta tras vuelta de setos altos hasta los hombros, que llevaban a un camino sin salida tras otro. Siga satisfactoriamente por el laberinto y descubra la puerta a una elevada torre en medio del jardín. Si mira usted las fotos de nuestro viaje, verá cuatro de nuestros cinco miembros de la familia de pie en la cima de la torre. Pero alguien está aún en tierra... ¿Imagina quién? Yo estaba atollado entre el follaje. No podía encontrar el camino correcto a tomar.

Ah, pero entonces oí una voz desde arriba. «¡Mira, papá!» Miré hacia arriba y vi a Sara, quien observaba desde la torrecilla en la cima. «Estás yendo por el camino equivocado —explicó ella—. Regresa y da vuelta a la derecha».

¿Cree usted que confié en ella? No tenía que hacerlo. Pude haber confiado en mis propios instintos, haber consultado a otros turistas confundidos, haberme sentado a hacer pucheros y a preguntarme por qué Dios dejaría que me ocurriera esto. Sin embargo, ¿sabe usted qué hice? Escuché. La posición de Sara era más ventajosa que la mía. Ella estaba sobre el laberinto. Podía ver lo que yo no podía.

¿No cree usted que deberíamos hacer lo mismo con Dios?

«¿No está Dios en la altura de los cielos?» (Job 22.12). «Excelso sobre todas las naciones es Jehová, sobre los cielos su gloria» (Salmos 113.4). ¿No puede Él ver lo que se nos escapa? ¿No quiere Él sacarnos y llevarnos a casa? Entonces deberíamos hacer lo que Jesús hizo.

Confíe en la Biblia. Dude de sus dudas antes que dudar de sus creencias. Jesús dijo a Satanás: «No solo de pan vivirá el hombre, sino de toda palabra que sale de la boca de Dios» (Mateo 4.4). El tiempo del verbo *salir* sugiere que Dios está constante y agresivamente comunicándose con el mundo por medio de su Palabra. ¡Dios aún está hablando!

Siga adelante. Su tiempo en el desierto pasará. El de Jesús pasó. «El diablo entonces le dejó; y he aquí vinieron ángeles y le servían» (Mateo 4.11).

Hasta que ángeles lleguen a usted:

Confíe en la Palabra de Dios. Así como yo en el laberinto, usted necesita una voz que lo guíe.

Confíe en su obra. Así como David en el campamento, usted necesita un amigo que tome su lugar.

Gracias a Dios que tiene uno que lo hará.

17

Dios se mete en las cosas

Lugares tormentosos

MATEO 14 22-33

En una mañana de septiembre de 2001, Frank Silecchia se amarró las botas, se puso el sombrero y se dirigió hacia la puerta de su casa en Nueva Jersey. Se ganaba la vida como obrero de la construcción. Pero como voluntario para remover los escombros del World Trade Center simplemente intentaba encontrarle sentido a todo. Esperaba hallar un cuerpo con vida. No fue así. Encontró cuarenta y siete muertos.

Sin embargo, en medio de la carnicería halló un símbolo: una cruz de acero de siete metros de altura. La caída de la Torre Uno sobre el Edificio Seis originó una burda cámara en el desorden. En ella, a través de polvorientos rayos de sol, Frank descubrió la cruz.

Ninguna grúa la había levantado. Ningún cemento la aseguraba. Las barras de hierro se erguían sin ayuda humana. Estaba sola... pero no sola. Otras cruces yacían al azar sobre la base de la grande. De diferentes tamaños, de distintos ángulos, pero todas cruces.

Varios días después los ingenieros se dieron cuenta de que las barras de la enorme cruz procedían de dos edificios diferentes. Cuando uno chocó contra el otro, las dos vigas se unieron en una, forjadas por el fuego.[1]

Un símbolo entre los fragmentos. Una cruz en medio de la crisis. «¿Dónde está Dios en todo esto?», preguntamos. El descubrimiento nos desafió: estaba exactamente en medio de todo.

¿Se puede decir lo mismo en relación con nuestras tragedias? Cuando una ambulancia traslada a nuestro hijo o la enfermedad se lleva a nuestro amigo. Cuando la economía devasta nuestra jubilación o el temporizador se adueña de nuestro corazón, ¿podemos, igual que Frank, encontrar a Cristo en la crisis? La presencia de problemas no nos sorprende. La ausencia de Dios, sin embargo, nos deshace.

Podemos ascender a la ambulancia si Dios está en ella.
Podemos tolerar la unidad de cuidados intensivos
si Dios está en ella.
Podemos enfrentar la casa vacía si Dios está en ella.

¿Está Él?

A Mateo le gustaría responder esa pregunta por usted. Los muros que caían a su alrededor estaban hechos de agua. No caía techo alguno, pero parecía como si el cielo se desplomara.

Una tormenta en el mar de Galilea era como si un luchador de sumo cayera de panza en una piscina de niños. El valle del norte hacía el efecto de un túnel de viento que comprimía y lanzaba borrascas al lago. Las olas de tres metros eran comunes.

El relato comienza al caer la noche. Jesús está orando en la montaña, y los discípulos están temerosos en la barca. Estaban «en medio del mar», azotados «por las olas» (Mateo 14.24). ¿Cuándo llega Cristo hasta ellos? «¡A la cuarta vigilia» [tres de la mañana] (versículo 25)! Si la «noche llegó» a las seis, y Cristo apareció a las tres de la mañana, ¡los discípulos estuvieron solos en la tormenta durante nueve horas! Nueve tempestuosas horas. Bastante tiempo como para que más de un discípulo preguntara: «¿Dónde está Jesús? Él sabe que estamos en la barca. Por favor, Él fue el de la idea. ¿Está Dios en algún sitio?»

De la tormenta llega una voz inconfundible: «Soy yo».

Túnica mojada, cabello empapado. Las olas golpean la cintura y la lluvia azota el rostro. Súbitamente Jesús les habla: «¡Tened ánimo; yo soy, no temáis!» (versículo 27). [2]

Tal lenguaje suena extraño, ¿verdad? Si usted ha leído la historia, está acostumbrado a un grito diferente de Cristo. Algo como: «¡Cálmense! Soy yo (NVI)», o «tengan valor, soy yo (VP)», o «tengan confianza. ¡Soy yo! (Nueva Vida)».

«¡Tened ánimo; yo soy, no temáis!» es una traducción literal del anuncio de Jesús. Los traductores hacen pequeños ajustes por obvias razones. «Yo soy» parece truncado. «Soy yo» se oye más completo. Pero lo que Jesús gritó en la tormenta fue simplemente el magistral «Yo soy».

Las palabras resuenan como el toque de címbalos en la *Obertura 1812*. Lo hemos oído antes.

Hablando desde una zarza que ardía a un Moisés con rodillas temblorosas, Dios anunció: «YO SOY EL QUE SOY» (Éxodo 3.14).

Para desafiar a sus enemigos a probar lo contrario, Jesús declaró: «Antes que Abraham fuese, yo soy» (Juan 8.58).

Decidido a decirlo muy a menudo y en voz tan alta que llame nuestra atención, Cristo corea:

- «Yo soy el pan de vida» (Juan 6.48).
- «Yo soy la luz del mundo» (Juan 8.12).
- «Yo soy la puerta; el que por mí entrare, será salvo» (Juan 10.9).
- «Yo soy el buen pastor» (Juan 10.11).
- «Hijo de Dios soy» (Juan 10.36).
- «Yo soy la resurrección y la vida» (Juan 11.25).
- «Yo soy el camino, y la verdad, y la vida» (Juan 14.6).
- «Yo soy la vid verdadera» (Juan 15.1).

Cristo en tiempo presente. Nunca dice: «yo fui». Nosotros sí lo decimos, porque «fuimos». Fuimos más jóvenes, más rápidos, más hermosos. Rememoramos por tener la tendencia de ser gente de tiempo pasado. No Dios. Inquebrantable en fortaleza, no dice: «Yo fui». El cielo no tiene espejos retrovisores.

Tampoco tiene bolas de cristal. Nuestro Dios «yo soy» no anhela: «Algún día seré».

Repito, nosotros sí. Alimentados por sueños, tratamos de tomar el horizonte. «Algún día yo...» Dios no. ¿Puede el agua ser más húmeda? ¿Puede el viento ser menos viento? ¿Puede Dios ser más Dios? No. Él no cambia. Él es el Dios «yo soy». «Jesucristo es el mismo ayer, y hoy, y por los siglos» (Hebreos 13.8).

Desde el centro de la tormenta, el inquebrantable Jesús grita: «Yo soy». Elevado sobre los escombros del World Trade Center. Valiente contra las olas galileas. La unidad de cuidados intensivos, el campo de batalla, el salón de juntas, la celda de la cárcel o la sala de maternidad, cualquiera que sea la tormenta en la que usted se encuentre, «yo soy».

La construcción de este pasaje hace eco de este punto. La narrativa se compone de dos actos, cada uno de seis versículos. El primero, versículos 22-27, se centra en la vida poderosa de Jesús. El segundo, versículos 28-33, se centra en la vida de fe de Pedro.

En el primer acto Cristo llega montado sobre las olas y declara las palabras grabadas en todo corazón sabio: «¡Tened ánimo; yo soy, no temáis!» En el segundo acto un desaforado discípulo da un paso de fe y —por un instante— hace lo mismo que Cristo. Camina en el agua. Luego aleja sus ojos de Cristo y hace lo mismo que hacemos. Fracasa.

Dos actos. Cada uno de seis versículos. Cada grupo de seis versículos contiene noventa palabras en griego. Y exactamente entre los dos actos, los dos grupos de versículos y los ciento ochenta vocablos está esta declaración de dos palabras: «Yo soy».

Mateo, quien es bueno con los números, refuerza este punto, que viene en capas como un emparedado:

Gráficamente: Jesús empapado pero firme.

Lingüísticamente: Jesús el Dios «yo soy».

Matemáticamente: sea en el mundo de las palabras o del clima, Jesús está en medio de todo.

¡Dios se mete en las cosas! Mares Rojos. Peces grandes. Fosos de leones y hornos. Negocios en bancarrota y celdas de cárceles. Desiertos de Judea, bodas, funerales y tempestades galileas. Observe y descubrirá lo que descubrieron todos, desde Moisés hasta Marta. Dios está en medio de nuestras tormentas.

Eso incluye las de usted.

En la época en que se escribió este libro murió en nuestra ciudad una joven. Estaba recién casada y era madre de un bebé de dieciocho meses. Su vida fue breve. En tales momentos los ofrecimientos de ayuda y esperanza son estériles. Pero durante el funeral el clérigo que oficiaba contó un recuerdo en su panegírico que ofrecía ambas cosas.

La mujer había vivido varios años en la ciudad de Nueva York. Debido a su prolongada amistad, se mantuvo en contacto con ella a través del correo electrónico. Una noche, muy tarde, recibió un mensaje indicativo de la persistente presencia de Dios.

La joven se había pasado de la estación de subterráneo donde debía descender. No sabía qué hacer cuando se dio cuenta del error, entonces oró pidiendo seguridad y alguna señal de la presencia de Dios. Aquellas no eran horas ni lugar para que una joven y atractiva mujer atravesara sola una zona peligrosa. En ese momento se abrieron las puertas, y un hombre de la calle, con mal aspecto, subió y se sentó a su lado. *¿Dios? ¿Estás cerca?*, oraba ella. La respuesta llegó en un cántico. El hombre sacó una armónica y tocó: «Sé tú mi visión», el himno favorito de la madre de la joven.

La canción fue suficiente para convencerla. Cristo estaba allí, en medio de todo.

Silecchia lo vio en los escombros. Mateo lo vio en las olas. ¿Y usted? Fíjese bien. Él está allí. Exactamente en medio de todo.

18

¿Esperanza o espectáculo?

El lugar más alto

LUCAS 9.28-36

Feria del Estado de Texas, 1963. Un enorme lugar y una gran noche para un muchacho de ocho años con los ojos muy abiertos, cuya semana alcanzó su máximo nivel el sábado en la Reina de los Lácteos. La vista y las luces a mitad de camino me hicieron citar a la Dorothy de El mago de Oz: «Toto, ya no estamos en Kansas».

La feria ambulante retumbaba con emoción. Montañas rusas. Transbordadores de ruedas. Manzanas confitadas, algodón de azúcar. Además, lo mejor de todo, los pregones.

—¡Pase adelante y pruebe su suerte!

—Por aquí, joven. Tres tiros por un dólar.

—Vamos, amigo. Gánese para su mamá un oso de peluche.

Odiseo y sus hombres nunca oyeron sirenas más agradables. ¿Barajo las cartas con el tipo desgarbado en la taquilla? ¿O le hago caso al llamado de la fornida dama y lanzo una pelota a las botellas de leche? El tipo de sombrero alto y frac me reta a explorar la casa encantada.

—Entra. ¿Qué pasa? ¿Tienes miedo?

Manadas de pregoneros… y cada uno tomaba su turno. Papá me lo advirtió. Él sabía cómo eran las cosas en el camino. No recuerdo sus instrucciones exactas, pero recuerdo el impacto. Me mantenía a su lado, con mi manita perdida en la suya enorme.

Cada vez que oía las voces giraba para mirar su rostro. Él me daba protección o permiso. Un giro de ojos significaba: «Vámonos». Olía a un charlatán. Una sonrisa y un gesto con la cabeza querían decir: «Anda, aquí no hay peligro».

Mi padre me ayudaba a tratar con los pregoneros.

¿Necesita un poco de ayuda? Cuando se trata de fe, probablemente sí. ¿Se ha sentido alguna vez como si estuviera andando por un camino de religiones?

La Tora lo envía a Moisés. El Corán lo envía a Mahoma. Los budistas lo invitan a meditar. Los espiritistas a levitar. Una mujer que lee las palmas de la mano quiere su mano. El evangelista de la televisión quiere su dinero. Una vecina consulta las estrellas. Otra lee las cartas. El agnóstico cree que nadie puede saber nada. Al hedonista no le importa saber. Los ateos creen que no hay nada que saber.

—Pase adelante. Prueba mi brujería.

—¡Pssst! Aquí. ¿Le interesan algunas canalizaciones de la Nueva Era?

—¡Mira, tú! ¿Has probado con la cientología?

¿Qué hace usted? ¿Adónde debe ir uno? ¿La Meca? ¿Salt Lake City? ¿Roma? ¿Terapia? ¿Aromaterapia?

Ah, las voces.

«Padre, ¡ayúdame! Por favor, modula una y relega las demás». Si esa es su oración, Lucas 9 es su capítulo sobre el día en que Dios aisló la voz autoritaria de la historia y declaró: «Óiganlo».

Es la primera escena del acto final en la vida terrenal de Cristo. Jesús ha llevado a tres seguidores a un retiro de oración.

«[Jesús] tomó a Pedro, a Juan y a Jacobo, y subió al monte a orar. Mientras oraba, la apariencia de su rostro se hizo otra, y su vestido blanco y resplandeciente» (Lucas 9.28-29).

Ah, haber oído esa oración. ¿Qué palabras inspiraron tanto a

Cristo que se alteró su rostro? ¿Vio Él su hogar? ¿Oyó su hogar?

Cuando yo era estudiante de segundo año de la universidad trabajé un verano lejos de casa. Muy lejos. Mi ánimo se derretía con cada kilómetro que conducía. Una noche extrañé tanto a mi familia que pensé que mis huesos se desharían. Pero mis padres estaban de viaje, y no se habían inventado los teléfonos celulares. Aunque yo sabía que nadie iba a contestar, de todos modos llamaba a casa. No una o dos veces, sino media docena. El conocido sonido del teléfono de casa me consolaba.

Quizás Jesús necesitaba consuelo. Sabiendo que en su camino de regreso a su casa pasaría por el Calvario, solicitó una llamada. Dios es rápido para contestar. «He aquí dos varones que hablaban con Él, los cuales eran Moisés y Elías» (versículo 30).

Los dos eran perfectos consoladores. Moisés comprendía los viajes difíciles. Elías sabía lo que era una partida poco común. Por lo tanto, Jesús, Moisés y Elías discutieron «su partida, que iba Jesús a cumplir en Jerusalén» (versículo 31).

Mientras tanto, Pedro, Santiago y Juan tenían mucho sueño.

> Mas permaneciendo despiertos, vieron la gloria de Jesús, y a los dos varones que estaban con él. Y sucedió que apartándose ellos de él, Pedro dijo a Jesús: Maestro, bueno es para nosotros que estemos aquí; y hagamos tres enramadas, una para ti, una para Moisés, y una para Elías; no sabiendo lo que decía (versículos 32-33).

¿Qué haríamos sin Pedro? El hombre no tiene idea de lo que está diciendo, pero eso no le impide hablar. No tiene idea de lo que está haciendo, pero de todos modos se ofrece a hacerlo. Esto es lo que se le ocurrió: Tres monumentos para los tres héroes. ¿Grandioso plan? No en el libro de Dios. Aun mientras Pedro habla, Dios empieza a clarificar su garganta.

Mientras él decía esto, vino una nube que los cubrió; y tuvieron temor al entrar en la nube. Y vino una voz desde la nube, que decía: Este es mi Hijo amado; a Él oíd (versículos 34-35).

El error de Pedro no fue hablar, sino hablar herejía. Tres monumentos igualarían a Moisés y a Elías con Jesús. Nadie comparte la plataforma con Cristo. Dios llega con la prontitud de una nube del norte y deja a Pedro tragando saliva. «Este es mi Hijo». No «un hijo» como si se estuviera agrupando con el resto de nosotros. No «el mejor hijo», como si fuera el abanderado de la especie humana. Jesús es, según Dios, «el Hijo amado de Dios»; absolutamente único y diferente de cualquier otro.[1]

Por eso:

«A Él oíd».

En los evangelios sinópticos, Dios habla solamente dos veces: en el bautismo y luego aquí, en la transfiguración. En ambos casos comienza con «este es mi Hijo amado». Pero en el río concluye con esta afirmación «En quien tengo complacencia» (Mateo 3.17). Y en el monte concluye con esta aclaración: «A Él oíd».

Dios no ordena: «Escúchenlos a *ellos*». Pudo haberlo hecho. ¿Se ha reunido alguna vez un grupo más austero? Moisés, el dador de la ley. Elías, el profeta. Pedro, el predicador de Pentecostés. Santiago, el apóstol. Juan, el escritor de un evangelio y el Apocalipsis. Los primeros y los últimos autores de la Biblia en un lugar. (¡Un congreso de escritores!) Dios pudo haber dicho: «Estos son siervos invaluables; a ellos oíd».

Pero el Creador no dijo eso. Mientras Moisés y Elías confortan a Cristo, Dios lo corona. «A Él oíd». La voz definitiva en el universo es Jesús. Él no está entre muchas voces. Él es la Voz sobre todas las voces.

Con esa afirmación uno cruza linderos. Muchas personas retroceden ante tal honor. Llaman a Jesús piadoso, divino, inspirado por Dios. Lo llaman «una voz» pero no «la voz». Un buen hombre, pero no Dios-hombre.

Sin embargo, *buen hombre* es precisamente la terminología que no podemos utilizar. Un buen hombre no diría lo que Él dijo, ni afirmaría lo que afirmó. Un mentiroso lo haría. Un Dios lo haría. Llámelo de algún modo intermedio, y usted tiene un dilema. Nadie mejor que Jesús sabía que Él era igual a Dios.

Sus seguidores lo adoraron, y Él no los detuvo.

Pedro, Tomás y Marta lo llamaron Hijo de Dios, y no les dijo que estaban equivocados.

En el juicio donde lo condenarían a muerte, sus acusadores preguntaron: «¿Luego eres tú el Hijo de Dios? Y Él les dijo: Vosotros decís que lo soy» (Lucas 22.70).

El propósito de Jesús, en sus palabras, era «dar su vida en rescate por muchos» (Mateo 20.28).

Según Jesús, nadie podía matarlo. Hablando de su vida, dijo: «Nadie me la quita, sino que yo de mí mismo la pongo. Tengo poder para ponerla, y tengo poder para volverla a tomar» (Juan 10.18).

¿Podría Jesús hablar con más aplomo del que tuvo en Juan 14.9? «El que me ha visto a mí, ha visto al Padre».

Además, ¿podía haber palabras más blasfemas que las de Juan 8.58? «Antes que Abraham fuese, yo soy». La afirmación enfureció a los judíos. «Tomaron entonces piedras para arrojárselas» (versículo 59). ¿Por qué? Porque solo Dios es el gran YO SOY. Y al llamarse YO SOY, Cristo se estaba equiparando con Dios. «Yo soy el camino, y la verdad, y la vida; nadie viene al Padre, sino por mí» (Juan 14.6).

Que no le quepa la menor duda, Jesús mismo se vio como Dios. Y nos deja con dos opciones: Aceptarlo como Dios o rechazarlo como un megalomaniaco. No hay una tercera opción.

Ah, pero nosotros tratamos de crear una. Suponga que yo

hiciera lo mismo. Suponga que usted me encuentra sentado a la vera del camino. Puedo ir al norte o al sur. Usted me pregunta en qué dirección voy. ¿Cuál es mi respuesta?

—Voy al surte.

Pensando que no oyó correctamente, usted me pide que repita la respuesta.

—Voy al surte. No puedo escoger entre el sur y el norte, por lo tanto voy en ambas direcciones. Me dirijo al surte.

—No puede hacer eso —contestaría usted—. Tendrá que escoger.

—Está bien —admito—, me dirigiré al norur.

—¡Norur no es una opción! —usted insiste—. Es norte o sur. Un camino o el otro. A la derecha o a la izquierda. Cuando se trata de este camino, usted debe elegir.

Cuando se trata de Cristo, usted tiene que hacer lo mismo. Llámelo loco o corónelo como rey. Rechácelo como un fraude o declare que es Dios. Aléjese de Él o inclínese ante Él, pero no juegue con Él. No lo llame un gran hombre. No lo enumere entre gente decente. No lo agrupe con Moisés, Elías, Buda, Joseph Smith, Mahoma o Confucio. Él no deja esa alternativa. Él es Dios o impío. Enviado del cielo o nacido del infierno. Toda esperanza o bombo publicitario. Pero nada intermedio.

C. S. Lewis lo resumió de un modo clásico cuando escribió:

Un hombre que fuera simplemente un hombre y dijera la clase de cosas que Jesús dijo no sería un maestro moral. Sería o un lunático —en el mismo nivel del hombre que asegura ser un huevo escalfado— o sería el diablo del infierno. Usted puede callarlo como a un necio y escupirlo como a un demonio, o puede caer a sus pies y llamarlo Señor y Dios. Pero no vengamos con esas tonterías condescendientes de que es un gran maestro humano. Él no nos dejó esa opción. No intentó hacerlo.[2]

Jesús no será despreciado. Además, ¿quiere usted que Él lo sea? ¿No necesita usted una voz inconfundible en su mundo ruidoso? Por supuesto que la necesita. No ande solo a medio camino. Mantenga su mano y sus ojos sobre Él, y cuando Él hable, «A Él oíd».

19

¡Abandonado!

Lugares que Dios ha olvidado

MATEO 27 45-66

*A*bandono. Qué inquietante palabra.

En los extramuros de un pueblito se encuentra una casa destartalada. La maleza es más alta que el porche. Las ventanas están cerradas y tiene una puerta de malla que se mueve con el viento. En la puerta frontal hay un letrero: *Abandonada*. Nadie quiere el sitio. Hasta los pobres y los desesperados pasan de largo.

Una trabajadora social llega ante la puerta de un orfanato. Su enorme mano toma la mano pequeña y sucia de una niñita de seis años. Mientras los adultos hablan, los ojos muy abiertos de la niña exploran la oficina del director. Oye que la trabajadora susurra: «La abandonaron. La abandonaron».

Una anciana en un hogar de convalecientes se mece sola en su habitación en Navidad. Ninguna tarjeta, ninguna llamada, ningún villancico.

Una joven esposa descubre unos correos electrónicos románticos que su esposo envió a otra mujer.

Después de treinta años en la fábrica, un trabajador encuentra una nota de cesantía en su armario.

Abandonado por su familia.

Abandonado por su cónyuge.

Abandonado por una gran empresa.

Pero nada se compara con que Dios lo abandone a uno.

Desde la hora sexta hubo tinieblas sobre toda la tierra hasta la hora novena. Cerca de la hora novena, Jesús clamó a gran voz, diciendo: *Elí, Elí, ¿lama sabactani?* Esto es: Dios mío, Dios mío, ¿por qué me has desamparado? (Mateo 27.45-46).

Cuando Cristo grita estas palabras ya ha estado colgado en la cruz durante seis horas. Aproximadamente a las nueve de esa mañana, llegó a tropezones a la colina la Calavera. Un soldado presionó una rodilla sobre el antebrazo de Jesús y le hundió un clavo en una mano, luego en la otra, y después en ambos pies. Cuando los romanos levantaron la cruz, sin darse cuenta pusieron a Cristo en la misma posición en que debía morir: entre el hombre y Dios.

Un sacerdote en su propio altar.

Los ruidos se entremezclaban en la colina: Burlas de fariseos, sonidos metálicos de espadas y moribundos que gemían. Jesús apenas habla. Cuando lo hace, brillan diamantes contra el terciopelo. Da gracia a sus asesinos y un hijo a su madre. Responde la oración de un ladrón y pide de beber a un soldado.

Entonces, al mediodía, cae la oscuridad como una cortina. «Desde la hora sexta hubo tinieblas sobre toda la tierra hasta la hora novena» (versículo 45).

Son tinieblas sobrenaturales. No es una reunión casual de nubes ni un breve eclipse de sol. Es un manto de oscuridad de tres horas. Los mercaderes de Jerusalén encienden velas. Los soldados prenden antorchas. Los padres se preocupan. La gente hace preguntas en todas partes. ¿De dónde viene esta noche de mediodía? Hasta en un lugar tan lejos como en Egipto, el historiador Dionisio observa el cielo negro y escribe: «O la naturaleza de Dios está sufriendo o la maquinaria del mundo se está yendo a pique».[1]

Por supuesto que el cielo está oscuro. La humanidad está matando a la Luz del Mundo.

El universo sufre. Dios dice de aquel día: «Haré que se ponga el sol a mediodía, y cubriré de tinieblas la tierra en el día claro. ... Y la volveré como en llanto de unigénito, y su postrimería como día amargo» (Amós 8.9-10).

El cielo llora. Y un cordero bala. ¿Recuerda el momento del grito? «Cerca de las tres de la tarde Jesús clamó a gran voz». Tres de la tarde, la hora del sacrificio en el templo. Casi un kilómetro hacia el oriente un sacerdote delicadamente vestido mata a un cordero, sin darse cuenta de que su trabajo es en vano. El cielo no está mirando el cordero del hombre sino al «Cordero de Dios, que quita el pecado del mundo» (Juan 1.29).

Un cielo en llanto. Un cordero que bala. Pero más que nada, un Salvador que grita. «Jesús clamó a gran voz» (Mateo 27.46). Observe aquí las firmes palabras. Otros escritores emplearon la palabra que en griego significa «gran voz» para describir un «rugido».[2]

Los soldados no se ponen la mano en la oreja para pedirle que hable más alto. El Cordero ruge. «El sol y la luna se oscurecerán ... y Jehová rugirá desde Sion, y dará su voz desde Jerusalén» (Joel 3.15-16).

Cristo levanta hacia el cielo la pesada cabeza y los párpados caídos, y gasta sus últimas energías gritando hacia las esquivas estrellas: «*Elí, Elí, ¿lama sabactani?* Esto es: Dios mío, Dios mío, ¿por qué me has desamparado?*» (Mateo 27.46).

Nosotros preguntaríamos lo mismo. ¿Por qué Él? ¿Por qué abandonaste a tu Hijo? Abandona a los asesinos. Desatiende a los malhechores. Vuelve la espalda a pervertidos y traficantes del dolor. Abandónalos a ellos, no a Él. ¿Por qué abandonas a la única alma sin pecado en la tierra?

¡Cielos! He allí la palabra más dura. *Abandono*. La casa que nadie quiere. El niño que nadie reclama. El padre que nadie recuerda. El

Salvador que nadie entiende. Jesús rasga la oscuridad con la pregunta más solitaria del cielo: «Dios mío, Dios mío, ¿por qué me has desamparado?»

Pablo utilizó la misma palabra cuando instó a Timoteo: «Procura venir pronto a verme, porque Demas me ha *desamparado*, amando este mundo, y se ha ido a Tesalónica» (2 Timoteo 4.9-10, el énfasis es del autor).

Cuando Pablo busca a Demas, ¿puede hallarlo? No. Abandonado.

Cuando Jesús busca a Dios, ¿puede hallarlo? No. Abandonado.

¡Un momento! ¿No nos dice David: «No he visto justo desamparado» (Salmo 37.25)? ¿Se equivocó David? ¿Dio Jesús un mal paso? Ni lo uno ni lo otro. En ese momento Jesús es cualquier cosa menos justo. Pero sus errores no son suyos. «[Cristo] llevó él mismo nuestros pecados en su cuerpo sobre el madero, para que nosotros, estando muertos a los pecados, vivamos a la justicia» (1 Pedro 2.24).

Cristo llevó todos nuestros pecados en su cuerpo...

¿Puedo ser específico por un momento? ¿Puedo hablar del pecado? ¿Me atrevo a recordarle a usted y también a mí que nuestro pasado está adornado con arrebatos de ira, manchado con noches de pasión impía y salpicado de avaricia pura?

Suponga usted que su pasado se hace público. Suponga que está en un escenario mientras se proyecta en la pantalla detrás de usted una película de cada segundo secreto y egoísta.

¿No se escondería debajo de la alfombra? ¿No gritaría para que los cielos tuvieran misericordia? Además, ¿no sentiría ligeramente, solo ligeramente, lo que Cristo sintió en la cruz: el gélido desagrado de un Dios que odia el pecado?

Experimenté algo similar con mi padre a los dieciséis años. Él y yo éramos buenos e íntimos amigos. Nunca temí su maltrato o ausencia. Casi al principio de mi lista de bendiciones está el nombre Jack Lucado. Casi al principio de mis días más difíciles está el día en que lo defraudé.

Papá tenía una regla inflexible: Nada de alcohol. Él vio cómo el licor destruyó la vida de varios de sus hermanos. Si hubiera dependido de él, el alcohol no habría tocado su familia. No se permitía nada.

¿Sabe qué? Decidí que yo era más inteligente que papá. Una fiesta de fin de semana me condujo a entrar a tropezones al baño a medianoche y a vomitar un estómago lleno de cerveza. Papá apareció en la puerta, muy enojado. Me lanzó un trapo limpio y se alejó.

A la mañana siguiente desperté con dolor de cabeza y la horrible conciencia de que había disgustado a papá. Entré a la cocina (hasta el día de hoy recuerdo bien esos pasos), y lo vi sentado a la mesa. Tenía el periódico abierto, pero no estaba leyendo. La taza de café estaba llena, pero no estaba bebiendo. Me miró fijamente, con ojos bien abiertos y un gesto de incredulidad en los labios. Más que cualquier otro momento en mi vida, sentí el desagrado de un padre amoroso.

Quedé deshecho. ¿Cómo iba a sobrevivir al disgusto de mi padre?

Jesús, que soportaba un millón de veces más, se preguntó lo mismo.

Cristo llevó todos nuestros pecados en su cuerpo...

¿Ve usted a Cristo en la cruz? Un chismoso cuelga allí. ¿Ve a Jesús? Desfalcador. Mentiroso. Intolerante. ¿Ve al carpintero crucificado? Maltrata a su esposa. Es adicto a la pornografía y es un asesino. ¿Ve al niño de Belén? Llámelo por otros nombres: Adolfo Hitler, Osama bin Laden y Jeffrey Dahmer.

¡Espera, Max! No agrupes a Cristo con esos malhechores. ¡No

coloques su nombre en la misma frase con los de ellos!

No lo hice yo. Él lo hizo. En realidad hizo más. Más que poner su nombre en la misma frase. Se puso Él mismo en lugar de ellos. Y de usted.

Con las manos abiertas por los clavos, Él invitó a Dios: «¡Trátame como los tratarías!» Y Dios lo hizo. En una acción que destrozó el corazón del Padre, pero que honró la santidad del cielo, el castigo que purga pecado cayó sobre el eterno e inmaculado Hijo.

Y el cielo dio a la tierra su regalo más excelente. El Cordero de Dios que quita los pecados del mundo.

«Dios mío, Dios mío, ¿por qué me has desamparado?» ¿Por qué gritó Cristo esas palabras?

Para que usted no tuviera que hacerlo.

20

El *golpe de gracia* maestro de Cristo

Lugares que Dios ordena
LUCAS 22.37

Un hombre y su perra están en el mismo auto. La perra lanza aullidos de luna refulgente en medio de la noche. El hombre suplica y promete darle bizcochos caninos con sabor especial si el sabueso se calla. Es sólo un lavado de autos.

Nunca se le había ocurrido al hombre —ejem, a mí— que el lavado de autos asustara a mi perra. Poniéndome en su lugar, puedo ver la razón. Una máquina enorme y ruidosa avanza hacia nosotros, azota nuestra ventanilla con agua y golpea la puerta con cepillos. *¡Cielos! Nos están atacando.*

«Tranquila. El lavado del auto fue idea mía». «Ya hemos hecho esto antes». «Es para nuestro bien». ¿Ha tratado alguna vez de explicarle esto a una perra? En los diccionarios caninos no están las palabras *cepillo* y *trabajo minucioso*. Mis palabras caían en oídos sordos. Nada ayudaba. Ella solo hacía lo que hacen los perros: aullaba.

En realidad, la perra hizo lo que *nosotros* hacemos. ¿No aullamos? Quizás no en lavaderos de autos sino en estadías en hospitales y en cambios de trabajo. Deje que la economía se vaya a pique o que los chicos se muden al norte y tendremos un tiempo de lamento. Cuando nuestro Maestro nos explica qué está ocurriendo, reaccionamos como si estuviera hablando en yalunka. No comprendemos una palabra de lo que dice.

¿Es nuestro mundo húmedo y salvaje?

Las más grandes bendiciones de Dios llegan a menudo disfrazadas como desastres. Cualquiera que lo dude lo único que debe hacer es ascender a la colina del Calvario.

La opinión general de Jerusalén ese día era esta: se acabó Jesús. ¿Qué otra conclusión tendría sentido? Los líderes religiosos se han vuelto contra Él. Roma no ha querido ponerlo en libertad. Sus seguidores han puesto pies en polvorosa y se han dispersado. Lo clavaron a una cruz para que muriera, lo cual sucedió. Silenciaron sus labios, sellaron su tumba y, como cualquier sacerdote que vale el precio de una filacteria le podría decir a usted, Jesús ya es historia. Tres años de poder y promesas se descomponen en una tumba prestada. Escudriñe el firmamento de la crucifixión en busca de un rayo de esperanza y no lo encontrará.

Tal es la visión de los discípulos, la opinión de los amigos y el punto de vista de los enemigos. Califíquela como la visión de mi perra en el asiento del acompañante.

El Maestro que se sienta detrás del volante piensa de modo diferente. Dios no está sorprendido. Su plan se realiza con exactitud. Incluso —y *especialmente*— en la muerte, Cristo es todavía el rey, el rey sobre su propia crucifixión.

¿Quiere una prueba?

Durante sus últimas veinticuatro horas sobre la tierra, ¿cuál fue la palabra que Jesús más usó? Busque en estos versículos las frases que se repiten:

- A la verdad el Hijo del Hombre va, según está escrito de él (Mateo 26.24).

- Jesús les dijo: Todos vosotros os escandalizaréis de mí esta noche; porque escrito está: Heriré al pastor, y las ovejas del rebaño serán dispersadas (Mateo 26.31).

Mi Salvador y vecino

- Jesús pudo haber llamado a miles de ángeles para que lo ayudaran, pero no lo hizo por esta razón: «¿Pero cómo entonces se cumplirían las Escrituras, de que es necesario que así se haga?» (Mateo 26.54).

- Jesús explica que más que haber errado, los soldados que lo arrestaron fueron actores en el drama que no escribieron. «Mas todo esto sucede, para que se cumplan las Escrituras de los profetas» (Mateo 26.56).

- Mas para que se cumpla la Escritura: El que come pan conmigo, levantó contra mí su calcañar (Juan 13.18).

- A su Padre celestial oró: «Cuando estaba con ellos en el mundo, yo los guardaba en tu nombre; a los que me diste, yo los guardé, y ninguno de ellos se perdió, sino el hijo de perdición, para que la Escritura se cumpliese» (Juan 17.12).

- A ellos les dijo: «Os digo que es necesario que se cumpla todavía en mí aquello que está escrito: Y fue contado con los inicuos; porque lo que está escrito de mí, tiene cumplimiento» (Lucas 22.37).

¿Lo notó? *Escrituras. Amor, sacrificio* y *devoción* son palabras que podríamos esperar. Pero el término *Escrituras* dirige la lista y revela esta verdad. Jesús organizó sus últimos días para cumplir las profecías del Antiguo Testamento. Como si estuviera siguiendo una lista mental, Jesús las chequeó una por una.

¿Por qué las Escrituras importan a Cristo? ¿Por qué nos importa lo que le importó a Él? Porque Él ama a los Tomás que hay entre nosotros. Mientras otros se arrodillan y adoran, usted se acaricia la barbilla y se pregunta si podrá ver alguna prueba.

152

«¿Cómo puedo saber que la muerte de Cristo es algo más que la muerte de un hombre?»

¿Qué posibilidades hay de que se cumpla tal grupo de profecías? La respuesta deja estupefactos a los estadísticos. El matemático Peter Stoner analiza la probabilidad de que ocho profecías se cumplan absolutamente en toda una vida de este modo:

Cubra el estado de Texas con sesenta centímetros de profundidad de dólares de plata. Ponga una marca en un dólar. ¿Qué probabilidades hay de que una persona pueda en el primer intento sacar el dólar marcado? Esas son las mismas probabilidades de que ocho profecías se cumplan en la vida de un hombre.[1]

Sin embargo, ¡Cristo cumplió veintinueve en un día! ¿Quiere más ejemplos?

Mas Él herido fue por nuestras rebeliones, molido por nuestros pecados; el castigo de nuestra paz fue sobre Él, y por su llaga fuimos nosotros curados (Isaías 53.5).

Horadaron mis manos y mis pies (Salmo 22.16).

Repartieron entre sí mis vestidos, y sobre mi ropa echaron suertes (Salmo 22.18).

Acontecerá en aquel día, dice Jehová el Señor, que haré que se ponga el sol a mediodía, y cubriré de tinieblas la tierra en el día claro (Amós 8.9).[2]

No llame a Jesús una víctima de circunstancias. ¡Llámelo un orquestador de circunstancias! Él planificó las acciones de sus enemigos para cumplir la profecía, y tomó la lengua de sus enemigos para declarar la verdad.

Cristo casi no habló ese día. No tenía necesidad de hacerlo. Sus acusadores describieron con exactitud cada jugada. ¿Recuerda el letrero en la cruz?

> Escribió también Pilato un título, que puso sobre la cruz, el cual decía: JESÚS NAZARENO, REY DE LOS JUDÍOS. Y muchos de los judíos leyeron este título; porque el lugar donde Jesús fue crucificado estaba cerca de la ciudad, y el título estaba escrito en hebreo, en griego y en latín (Juan 19.19-29).

Una verdad trilingüe. Gracias Pilato por financiar la primera campaña publicitaria de la cruz, y presentar a Jesús como el rey de los judíos.

Gracias además a los fariseos por el sermón:

> A otros salvó, a sí mismo no se puede salvar (Mateo 27.42).

¿Podrían estas palabras estar más centradas en la muerte? Jesús no podía salvar a otros y salvarse a sí mismo al mismo tiempo. Por lo tanto salvó a otros.

El premio para el vocero más improbable lo gana el sumo sacerdote. Caifás dijo: «Nos conviene que un hombre muera por el pueblo, y no que toda la nación perezca» (Juan 11.50).

¿Era creyente Caifás? Así parece. Es verdad que era mejor que Cristo muriera a que todos nosotros pereciéramos. El cielo no discute con Caifás. Usted casi pensaría que el cielo hizo que dijera lo que dijo. Si así piensa usted, tiene razón.

> Esto no lo dijo por sí mismo, sino que como era el sumo sacerdote aquel año, profetizó que Jesús había de morir por la nación; y no solamente por la nación, sino también para congregar en uno a los hijos de Dios que estaban dispersos (Lucas 11.51-52).

¿Qué está pasando aquí? ¿Predica Caifás a Cristo? ¿Explican los fariseos la cruz? ¿Pinta Pilato carteleras evangelísticas? De la tragedia surge triunfo. Todo desastre prueba ser una victoria.

Este cambio de acontecimientos me recuerda a la mula en el pozo. Una mula se cayó en un pozo. Los aldeanos compararon el valor de un rescate con el valor del animal, y decidieron enterrarlo. Comenzaron a palear tierra. La mula tenía otras ideas. Cuando los terrones le golpeaban la espalda, se sacudía y los pisaba fuerte. Cada palada de tierra la subía más. Llegó a lo alto del pozo y salió caminando. Lo que sus supuestos asesinos pensaron que la enterraría en realidad la liberó.

Los hombres que mataron a Jesús hicieron lo mismo. Sus acciones lo elevaban. Todo —el mal y el bien, lo maligno y lo decente— obró para el *golpe de gracia* que dio Cristo.

¿Debe sorprendernos? ¿No prometió Él que así pasaría? «Sabemos que a los que aman a Dios, todas las cosas les ayudan a bien» (Romanos 8.28).

¿Todas las cosas? Todas. Los discípulos acobardados. Un Judas traidor. Un costado traspasado. Los fariseos sin carácter. Un sumo sacerdote despiadado. Dios obró en todo. Le reto a usted a encontrar un elemento de la cruz que Él no arreglara para bien o que no reciclara para simbolismo. Inténtelo. Creo que descubrirá lo que yo descubrí: Cada detalle oscuro fue en realidad un momento dorado en la causa de Cristo.

¿No puede Dios hacer lo mismo por usted? ¿No puede Él cambiar su Viernes Santo en Domingo de Resurrección?

Algunas personas lo dudan. ¿Cómo puede Dios valerse del cáncer, la muerte o el divorcio? Simple.

El Señor es más inteligente que nosotros. Él es para usted lo que yo fui para Amy, de cuatro años. La conocí en una librería. Me preguntó si podía autografiar su libro de niños. Cuando le pregunté su nombre, vio cómo yo comenzaba a escribir: «Para Amy...»

La niña me detuvo allí. Con la boca y los ojos bien abiertos me preguntó: «¿Cómo es que sabe deletrear mi nombre?»

La niña estaba asombrada. Usted no. Usted sabe la diferencia entre el conocimiento de un niño y el de un adulto. ¿Puede usted imaginar la diferencia entre la sabiduría de un humano y la sabiduría de Dios? Lo que es imposible para nosotros es como deletrear «Amy» para Él. «Como son más altos los cielos que la tierra, así son mis caminos más altos que vuestros caminos, y mis pensamientos más que vuestros pensamientos» (Isaías 55.9).

Sigo llevando a Molly al lavadero de autos. Cada vez ladra menos. No creo que entienda la maquinaria. Simplemente está aprendiendo a confiar en su amo.

Quizáss aprenderemos lo mismo.

21

La alocada afirmación de Cristo

Lugares increíbles
MATEO 28 1-10

¿Cuál es el anuncio más absurdo que usted ha oído? Lo pregunto porque estoy a punto de escuchar uno. En cualquier instante un empleado de líneas aéreas toma su micrófono y... un momento. Está a punto de hablar. Puedo verlo. El hombre se ve cuerdo. Parece normal. Es la clase de individuos que juega con sus niños y los ama. Pero lo que está a punto de decir lo califica para una noche gratis en una celda de aislamiento. «Damas y caballeros, el avión ya está listo. El vuelo 806 para Chicago saldrá pronto. Por favor, estén atentos cuando los llamemos para abordar...»

Piense en lo que el individuo acaba de decir. Está invitándonos a ascender doce kilómetros cielo arriba en un avión del tamaño de una casa de campo moderna, y que alcanzará el triple de velocidad del NASCAR de carreras más veloz de la historia.

¿Puede usted creer lo que nos pide que hagamos? Por supuesto que sí. Pero si usted nunca antes hubiera oído tal invitación, ¿no estaría asombrado? ¿No se sentiría como las mujeres que oyeron este anuncio tres días después de que Cristo muriera en la cruz? «No está aquí, pues ha resucitado, como dijo. Venid, ved el lugar donde fue puesto el Señor» (Mateo 28.6).

Esto es lo que sucedió:

Pasado el día de reposo, al amanecer del primer día de la semana, vinieron María Magdalena y la otra María, a ver el sepulcro. Y hubo un gran terremoto; porque un ángel del Señor, descendiendo del cielo y llegando, removió la piedra, y se sentó sobre ella. Su aspecto era como un relámpago, y su vestido blanco como la nieve. Y de miedo de él los guardas temblaron y se quedaron como muertos» (versículos 1-4).

Mucho habían cambiado las condiciones desde el viernes. La crucifixión estuvo marcada por oscuridad súbita, ángeles silenciosos y soldados burlones. En la tumba vacía los soldados están callados, un ángel habla y estalla la luz como el Vesubio. Se dice que aquel que murió está vivo, y los soldados, que están vivos, parecen estar muertos. Las mujeres pueden decir que algo está sucediendo. Lo que no saben es que Alguien ha resucitado. Por eso el ángel les informa: «No temáis vosotras; porque yo sé que buscáis a Jesús, el que fue crucificado. No está aquí, pues ha resucitado, como dijo. Venid, ved el lugar donde fue puesto el Señor» (versículos 5-6).

Estas palabras lo afectan a usted. Hacen que salga del aeropuerto o que se suba al avión. De ser falsas, el cuerpo de Jesús yace como el de John Brown: en estado de descomposición en una tumba prestada. De ser falsas, no tenemos buenas nuevas. Una tumba ocupada el domingo le quitaría lo de bueno y santo al Viernes Santo.

Sin embargo, de ser ciertas —si la roca está removida y el Señor está vivo— saque el violín y póngase sus zapatos de baile. El cielo desconectó el cable de electricidad de la tumba, y usted y yo no tenemos nada que temer. La muerte está desarmada. Súbase a bordo, y deje que un piloto que usted nunca ha visto, y un poder que no entiende, lo lleven a su casa.

¿Podemos confiar en aquella proclamación? La invitación del ángel es: «Venid y ved…»

La tumba vacía no rechaza ninguna investigación honesta. Una lobotomía no es un requisito del discipulado. Seguir a Cristo exige fe, pero no fe ciega. El ángel invita: «Venid, ved». ¿Lo haremos?

Dé una mirada a la tumba abandonada. ¿Sabía usted que los opositores de Cristo nunca cuestionaron que estuviera vacía? Ningún fariseo o soldado romano llevó un contingente al lugar del entierro y declaró: «El ángel estaba equivocado. El cuerpo está aquí. Todo fue un rumor».

Lo habrían hecho si hubieran podido. En pocas semanas los discípulos ocuparon cada esquina de las calles de Jerusalén para proclamar a un Cristo resucitado. ¿Qué manera más rápida de callarlos hubieran tenido los enemigos de la Iglesia que presentar un cuerpo frío y sin vida? Si hubieran mostrado el cadáver, el cristianismo hubiera muerto al nacer. Pero no tenían cadáver que mostrar.

Esto explica el avivamiento en Jerusalén. Cuando los apóstoles abogaron por la tumba vacía, el pueblo miró hacia los fariseos para que refutaran. Pero estos no lo hicieron. Así lo declaró A. M. Fairbairn hace mucho tiempo: «¡El silencio de los judíos es tan elocuente como lo que dicen los cristianos!»[1]

Hablando de cristianos, ¿recuerda el temor de los seguidores ante la crucifixión? Huyeron. Se asustaron como gatos en perrera. Pedro ofendió a Cristo en la hoguera. Los discípulos en el camino de Emaús lamentaban la muerte de Cristo. Después de la crucifixión, «das puertas [estaban] cerradas en el lugar donde los discípulos estaban reunidos por miedo de los judíos» (Juan 20.19).

Estos hombres estaban tan acobardados que podríamos llamar gallinero al Aposento Alto.

Pero pasaron cuarenta días. Los arruinados traidores se convirtieron en una poderosa fuerza cambiadora de vidas. Pedro predicó en el mismo distrito donde arrestaron a Cristo. Los seguidores de Cristo desafiaron a los enemigos de Cristo. Estos los azotaban, y aquellos adoraban. Los encerraban, y ellos fundaban ministerios en las cárceles. Eran tan valientes después de la Resurrección como fueron cobardes antes de ella.

Explicación:

¿Codicia? No ganaron dinero.

¿Poder? Daban todo el crédito a Cristo.

¿Popularidad? Mataron a la mayoría por sus creencias.

Solo queda una explicación: un Cristo resucitado y su Espíritu Santo. El valor de estos hombres y mujeres se forjó en el fuego de la tumba vacía. Los discípulos no idearon una resurrección. La Resurrección encendió a los discípulos. ¿Tiene usted dudas acerca de la tumba vacía? Venga y vea a los discípulos.

Mientras usted está buscando, venga y vea las alternativas. Si Cristo no ha resucitado, si su cuerpo se ha descompuesto en polvo, ¿con qué se queda usted?

¿Qué le parece el misticismo oriental? Regresemos en el tiempo y rodeemos el globo hasta India. Es el año 490 a.C., y Buda está dispuesto a vernos.

—¿Puedes derrotar a la muerte? —le preguntamos.

Buda no abre los ojos, solo mueve la cabeza de un lado al otro.

—Ustedes están desilusionados, queridos hijos. Busquen iluminación espiritual.

Hacemos eso. En virtud de una imaginación vigorosa viajamos a Grecia para encontrarnos con el padre de la lógica, Sócrates. Nos ofrece un sorbo de cicuta, pero no aceptamos, y explicamos que solo tenemos una pregunta.

—¿Tienes poder sobre la tumba? ¿Eres el hijo de Zeus?

Sócrates se rasca la calva y nos llama *raca* (palabra griega que podría traducirse como inteligencia de turcos).

Sin inmutarnos, avanzamos mil años y localizamos la antigua aldea de La Meca. Un Mahoma barbado se sienta en medio de sus seguidores.

—Estamos buscando a Alá encarnado —gritamos desde el fondo—. ¿Eres tú?

Mahoma se pone de pie, rasga sus vestiduras y exige que se deshagan de nosotros por tal herejía.

Sin embargo, escapamos. Regresamos en el tiempo a Jerusalén. Subimos las escaleras de una casa sencilla donde el rey de los judíos está en una reunión. El salón está repleto de serios discípulos. Al sentarnos miramos el rostro radiante del Cristo resucitado. El amor en sus ojos es tan verdadero como las heridas en su cuerpo.

Si le preguntamos: «¿Resucitaste de los muertos? ¿Eres el Hijo de Dios?», sabemos su respuesta.

Jesús muy bien podría personalizar las palabras que dio al ángel. «He resucitado de los muertos como dije que haría. Vengan y vean el lugar donde estaba mi cuerpo».

Qué afirmación. Exactamente como pasajeros en el aeropuerto a punto de abordar un avión, debemos elegir cómo responder. O abordamos y confiamos en el piloto... o intentamos llegar a nuestro destino por nuestra cuenta.

Sé qué alternativa prefiero.

Conclusión

Todavía en el vecindario

En el período siguiente al 11 de septiembre del 2001, un grupo de líderes religiosos recibió una invitación de la Casa Blanca para ir a Washington y orar con el presidente. Cómo entró mi nombre en la lista, no lo sé. Pero estuve feliz de asistir. Más o menos treinta de nosotros nos sentamos en un salón.

El grupo estaba lleno de hábitos y personalidades bien conocidas. Varios cardenales católicos. El presidente de la Iglesia Mormona y un líder de la fe B'hai. Apreciados judíos y portavoces musulmanes. Muy eclesiásticamente ecléctico. Si Cristo hubiera vuelto en ese momento, quien quedó de pie en el salón habría respondido muchas preguntas.

Usted podría preguntarse si me sentí fuera de lugar. Yo no dirigía ninguna denominación. La única vez que uso algo parecido a una toga es cuando salgo de la ducha. Nadie me llama «excelentísimo reverendo Lucado». (Aunque Denalyn me promete que lo hará. Una vez. Algún día. Antes de mi muerte.)

¿Me sentí como un diminuto pez de agua dulce en un mundo de ballenas? Para nada. Yo era especial entre ellos. Cuando llegó mi turno de saludar a George W. Bush debí mencionar la razón. Después de dar mi nombre, agregué: «Señor presidente, me crié en Andrews, Texas». Para quienes ya haya expirado su suscripción a *National Geographic*, Andrews está a solo media hora en auto de la ciudad natal de Bush, Midland. Al saber que éramos vecinos se apretó los pantalones, lanzó su chueca sonrisa y dejó que su acento fluyera ligeramente. «Claro que conozco su pueblo. He andado por esas calles, y hasta he jugado en su campo de golf».

Me paré un poco más erguido. Es agradable saber que el hombre más poderoso del mundo ha caminado por mis calles.

Cuánto más agradable es saber lo mismo acerca de Dios.

Sí, Él está en el cielo. Sí, gobierna el universo. No obstante, también ha caminado por mis calles. Sigue siendo el Salvador vecino. Tan cerca como para tocarlo. Tan fuerte como para confiar en él. Pablo fusiona estas verdades en una promesa: «Cristo es el que murió; más aun, el que también resucitó, el que además está a la diestra de Dios, el que también intercede por nosotros» (Romanos 8.34).

¿Ve usted la divinidad de Jesús? Él «está a la diestra de Dios».

«La diestra de Dios» equivale al máximo honor. ¿Está Jesús sobre todos los poderes? Claro que sí:

Sobre todo principado y autoridad y poder y señorío, y sobre todo nombre que se nombra, no solo en este siglo, sino también en el venidero; y sometió todas las cosas bajo sus pies, y lo dio por cabeza sobre todas las cosas a la iglesia, la cual es su cuerpo, la plenitud de Aquel que todo lo llena en todo (Efesios 1.21-23, el destacado es del autor).

Cristo está llevando la batuta. Ahora mismo. Si una hoja cae de un árbol en los Alpes, Cristo hizo que cayera. Si un bebé recién nacido en India respira por primera vez, fue Jesús quien midió ese aliento. ¿La migración de las ballenas blancas a través de los océanos? Cristo dictamina su itinerario. Él es

el primogénito de toda creación. Porque en Él fueron creadas todas las cosas, las que hay en los cielos y las que hay en la tierra,

visibles e invisibles; sean tronos, sean dominios, sean principados, sean potestades; todo fue creado por medio de Él y para
Él (Colosenses 1.15-16).

¡Qué lista más fenomenal! Los cielos y la tierra. Lo visible y lo
invisible. Tronos, dominios, principados y potestades. No se
omiten cosas, lugares ni personas. Las escamas del erizo de mar, el
pelo en el cuero del elefante, el huracán que arruina la costa, la
lluvia que alimenta el desierto, el primer latido del corazón de un
bebé, el último aliento del anciano… Todo se remonta hasta la
mano de Cristo, el primogénito de la creación.

Primogénito en la lengua vernácula de Pablo no tiene nada que
ver con orden de nacimiento. *Primogénito* se refiere a jerarquía. Se
podría traducir: «Cristo tiene más categoría que todo lo que se ha
hecho». ¿Todo? Encuentre una excepción. La suegra de Pedro
tiene fiebre, Jesús reprende la fiebre. Es necesario pagar un
impuesto, Jesús lo paga enviando primero una moneda y luego un
anzuelo de pescador a la boca de un pez. Cuando cinco mil
estómagos gruñían, Jesús hizo de la canasta de un muchacho un
bufet ilimitado. Jesús irradia autoridad. Pestañea y la naturaleza
salta. Nadie discute cuando, al final de su vida terrenal, el Dios-
hombre afirma: «Toda potestad me es dada en el cielo y en la
tierra» (Mateo 28.18).

> Del sur viene el torbellino,
> y el frío de los vientos del norte.
> Por el soplo de Dios se da el hielo,
> y las anchas aguas se congelan.
> Regando también llega a disipar la densa nube,
> y con su luz esparce la niebla.
> Asimismo por sus designios se
> revuelven las nubes en derredor,

> para hacer sobre la faz del mundo,
> en la tierra, lo que Él les mande.
> Unas veces por azote, otras por causa de su tierra,
> Otras por misericordia las hará venir.
> Escucha esto, Job.
> Detente, y considera las maravillas de Dios
>
> (Job 37.9-14).

De veras, deténgase y piense en esto:

- El telescopio espacial Hubble envía imágenes infrarrojas de galaxias apenas perceptibles que quizáss estén a doce mil millones de años luz de distancia (doce mil millones de veces diez billones de kilómetros).[1]

- Los astrónomos poco convincentemente se aventuran a calcular que el número de estrellas en el universo equivale a la cantidad de granos de arena en todas las playas del mundo.[2] La estrella Eta Carinae eclipsa a nuestro sol del mismo modo que el estadio de los Yankees eclipsa a un encendedor de cigarrillos. ¡Es cinco millones de veces más brillante![3]

- La estrella Betelgeuse tiene un diámetro de ciento sesenta millones de kilómetros, lo cual es más largo que la órbita de la tierra alrededor del sol.[4]

¿Por qué tanta inmensidad? ¿Por qué tan vasto, inmensurable, inexplorado y «no utilizado» espacio? Para que usted y yo, ahora estupefactos, podamos emocionarnos con esta afirmación: «Todo lo puedo en Cristo que me fortalece» (Filipenses 4.13).

El Cristo de las galaxias es el Cristo de nuestros lunes. El Hacedor de las estrellas maneja nuestro itinerario de viaje. Tranquilo. Usted tiene un amigo en los lugares celestiales. ¿Se preocupa el hijo de Arnold Schwarzenegger por las tapas apretadas de los tarros de encurtidos? ¿Se preocupa el hijo de Phil Knight, fundador de las fábricas de zapatillas Nike, si se le rompe un cordón del calzado? Si a la hija de Bill Gates no se le prende la computadora, ¿entra en pánico?

No. Tampoco usted debería preocuparse. El Comandante en Jefe del universo lo conoce a usted por nombre. Él ha caminado por sus calles.

Hasta en el cielo, Cristo permanece como nuestro vecino Salvador. En el cielo, Él todavía es «Jesucristo... quien murió». El Rey del universo con lengua humana gobierna cometas, y con mano humana dirige el tráfico celestial. Todavía humano. Todavía divino. Vive para siempre con sus dos naturalezas. Peter Lewis lo declara así:

> ¡Vaya al corazón espiritual de este universo creado y encontrará a un hombre! ¡Vaya a los lugares donde ángeles se inclinan ante quien no cayó y descubrirá a un hombre! ¡Vaya al centro mismo de la gloria manifestada del Dios invisible y encontrará a un hombre —verdadera naturaleza humana, alguien de nuestra propia especie— actuando como mediador de la gloria de Dios![5]

Un momento, Max. ¿Está usted diciendo que Jesús tiene aún su cuerpo carnal? ¿Que los ángeles adoran lo que tocaron los galileos? Sí, de veras. Jesús apareció ante sus seguidores en un cuerpo de carne y hueso: «Un espíritu no tiene carne ni huesos, como veis que yo tengo» (Lucas 24.39). El cuerpo resucitado de Cristo era un cuerpo de verdad, tan verdadero que pudo andar en el camino a Emaús, que pudieron confundirlo con un hortelano, que pudo comer pescado en el desayuno.

Por otro lado, el verdadero cuerpo de Jesús era *bien* diferente.

Los discípulos de Emaús no lo reconocieron, y las paredes no lo detuvieron. Marcos intentó describir así su parecer y se conformó con decir: «[Jesús] apareció en otra forma» (16.12). Aunque su cuerpo era el mismo, era mejor. Era un cuerpo glorificado. Era un cuerpo celestial.

No puedo encontrar el pasaje donde dice que Jesús se liberó de su cuerpo. Ascendió en él. «Fue alzado, y le recibió una nube que le ocultó de sus ojos». Él volverá en ese cuerpo. El ángel lo dijo a los discípulos: «Este mismo Jesús, que ha sido tomado de vosotros al cielo, así vendrá como le habéis visto ir al cielo» (versículo 11).

El Dios-hombre aún es Dios y hombre. Las manos que bendijeron el pan del muchacho bendicen ahora las oraciones de millones, y la boca que comisiona ángeles es la boca que besó niños.

¿Sabe usted qué significa esto? El poder supremo en el cosmos nos entiende e intercede por nosotros. «Abogado tenemos para con el Padre, a Jesucristo el justo» (1 Juan 2.1).

Sir John Clarke dedicó muchos años a traducir la Biblia en el Congo Belga. Tuvo dificultad al traducir la palabra *abogado*. Buscó durante dos años una traducción apropiada. Su búsqueda terminó el día en que visitó al rey del pueblo mulongo. Durante la entrevista con el rey apareció un asesor, recibió las instrucciones del monarca y salió. El rey dijo a Clarke que el asesor era su nsenga mukwashi, lo cual no era un nombre sino un título.

El rey explicó que el siervo representaba al pueblo ante el rey. Inmediatamente Clarke pidió permiso para observar al hombre en su trabajo. Fue al final de la aldea y lo encontró hablando con tres mujeres. El esposo de una de ellas había muerto, y la estaban desalojando de su choza. Necesitaba ayuda.

—Te llevaré ante el rey —le dijo el nsenga mukwashi.

—No hagas eso —objetó ella—. Soy vieja y tímida, y no sabré qué decir en su presencia.

—No tendrás necesidad de hablar —le aseguró el hombre—. Yo hablaré por ti.

Así lo hizo. De manera sucinta, clara y apasionada. Clarke observó el destello de enojo en los ojos del rey. El soberano ordenó a su corte hacerse cargo de la viuda y atrapar a los culpables. La viuda halló justicia, y Clarke halló su palabra: nsenga mukwashi.[6]

Usted también tiene un abogado con el Padre. Cuando usted es débil, Él es fuerte. Cuando usted es tímido, Él habla. Su Salvador y vecino es su *nsenga mukwashi*.

No tenemos un sumo sacerdote que no pueda compadecerse de nuestras debilidades, sino uno que fue tentado en todo según nuestra semejanza, pero sin pecado. Acerquémonos, pues, confiadamente al trono de la gracia, para alcanzar misericordia y hallar gracia para el oportuno socorro (Hebreos 4.15-16).

Lamentablemente mi ilustración del presidente se queda corta. ¿Puedo llamarlo? Incluso si tuviera su número, él está muy ocupado. Sin embargo, ¿puedo llamar a Dios? En cualquier momento. Él no está muy ocupado para mí... ni para usted. Dotado de atención y devoción perenne, Él escucha. El hecho de que no podamos imaginar cómo oye un millón de peticiones como si fueran una sola no significa que no pueda o no lo haga, porque Él puede y lo hace.

Además, entre las peticiones que oye y atiende están las de usted. Porque aunque está en el cielo, nunca dejó el vecindario.

Mi Salvador y Vecino

Guía para la discusión

Preparada por Steve Halliday

CAPÍTULO I
NUESTRO SALVADOR Y VECINO

RECORRIDO POR EL VECINDARIO

1. *«¿Quién eres?* —preguntó Pedro en tono tan bajo que nadie más que Dios pudo oír—. *¡Acabas de despertar a un muerto! ¿No deberías estar recubierto de luz, rodeado de ángeles y entronizado más alto que mil césares? No obstante, mírate, usas ropa común, te ríes de mis chistes y comes lo que todos comemos. ¿Es esto lo que hacen los vencedores de la muerte? De veras, ¿quién eres?»*

   A. Cuando supo por primera vez de Jesús, ¿quién pensó que era Él? ¿Quién piensa usted ahora que es Él?

   B. ¿Qué le asombra más acerca de Jesús? ¿Por qué?

2. Un Jesús que es solo Dios podría hacernos, pero no comprendernos. Un Jesús solo hombre podría amarnos, pero no salvarnos. Pero, ¿un Jesús Dios-hombre? Suficientemente cerca para tocarlo. Suficientemente fuerte para confiar en Él. Un Salvador y vecino.

   A. ¿Qué es un «Jesús solo Dios»? ¿Un «Jesús solo hombre»?

   B. ¿Por qué un «Jesús solo hombre» no tendría poder para salvarnos?

   C. Explique lo que Max quiere decir por un «Salvador vecino».

3. Lo importante del cristianismo es Cristo. No es dinero en el banco, ni un auto en el garaje, ni un cuerpo sano ni una mejor imagen de sí mismo. Cristo es el premio del cristianismo.

   A. ¿En qué sentido es Cristo el premio del cristianismo?

   B. ¿Cómo afecta nuestra búsqueda de Cristo nuestras acciones cotidianas?

4. ¿Necesita su mundo un poco de música? Si es así, invite a un barítono celestial a soltarse. Tal vez parezca tan común como su vecino, pero espere a ver lo que puede hacer. Quién sabe. Unas pocas canciones con él podrían cambiar el modo en que usted canta. Para siempre.

   A. ¿En qué sentido necesita su mundo «un poco de música»?

   B. ¿Cómo podría usted invitar «al barítono celestial para cantar libremente» en su vida?

   C. ¿Cómo cambia la vida con Jesús el modo en que usted «canta»?

El centro de la ciudad

1. Lea Lucas 7.11-17

   A. ¿Qué pasó cuando Jesús vio el cortejo fúnebre descrito en este pasaje? ¿Qué hizo inmediatamente (versículos 13-15)?

   B. ¿Cómo reaccionaron las personas ante este incidente? ¿A qué conclusión llegaron (versículo 16)?

   C. ¿Cómo demostró este suceso la humanidad de Jesús? ¿Cómo reveló su divinidad?

2. Lea Marcos 4.35-41.

   A. ¿Por qué la tormenta hace perder la confianza de los discípulos?

   B. ¿Qué respuesta dio Jesús a la pregunta de los discípulos (versículos 39-40)?

   C. Dado todo lo que los discípulos habían visto hacer a Jesús, ¿por qué cree usted que cuestionaron quién era Jesús?

3. Lea Colosenses 1.15-20; 2.9

   A. ¿Qué nos enseñan estos versículos acerca de la identidad de Jesús? ¿Por qué es importante esto?

   B. ¿Cómo describen estos versículos a un «Salvador vecino»? ¿Qué lo hace Salvador? ¿De qué manera es el vecino?

MEJORAMIENTO DE LA COMUNIDAD

Para ayudarle a pensar en Jesús como «Salvador vecino», camine por su vecindario, orando por quienes viven a su alrededor. Pida al Señor que se haga real para ellos, que les muestre su verdadera naturaleza… y pregúntele cómo podría ayudar usted en el proceso.

CAPÍTULO 2
EL TEMA MUSICAL DE CRISTO

RECORRIDO POR EL VECINDARIO

1. ¿Por qué Jesús colgaría la ropa sucia familiar en el tendedero del vecindario? Porque la familia de usted también tiene ropa sucia.

    A. ¿Qué clase de «ropa sucia» mencionó Cristo? ¿Por qué fue importante para Él hacer eso?

    B. Basándose en el ejemplo de Jesús, ¿cuál debería ser su actitud hacia el pasado de nuestras familias?

2. La frase «Yo pasé por eso» está en el coro del tema musical de Cristo. Jesús susurra al solitario: «Yo pasé por eso». Ante el desanimado, asiente con la cabeza y suspira: «Yo pasé por eso».

    A. ¿Le ayudaría a usted saber que Cristo ha experimentado las desilusiones y privaciones del ser humano? ¿Cómo?

    B. ¿En qué parte de su vida es especialmente consolador saber que Cristo «pasó por eso»? ¿Por qué?

3. Jesús no se avergüenza de usted. Tampoco se deja confundir por usted. Sus acciones no lo dejan perplejo. La aureola inclinada en usted no le causa problemas a Él. Por lo tanto, vaya ante Él. Después de todo, usted es parte de su familia.

    A. ¿Cree usted de veras que Cristo no está avergonzado de usted? ¿Cómo afecta la actitud de usted si acepta o rechaza esta realidad? ¿Cómo afecta su comportamiento?

    B. ¿Le han desconcertado alguna vez sus propias acciones? Explique.

C.   ¿De qué modo es usted parte de la familia de Cristo?

D.   ¿Cómo va usted ante Jesús en épocas de dificultad? ¿Qué hace usted?

El centro de la ciudad

1.   Lea Isaías 53.2-3.

A.   ¿Por qué supone usted que Dios decidió no dar a Cristo apariencia extraordinaria?

B.   ¿Qué significa que Cristo creciera como una «raíz de tierra seca»?

2.   Lea Marcos 3.20-22.

A.   ¿Cómo respondió la propia familia de Jesús al inicio de su ministerio (versículo 21)? ¿Por qué cree usted que reaccionaron de ese modo?

B.   ¿Cómo respondieron los maestros de la ley a la enseñanza de Jesús (versículo 22)? ¿Por qué cree usted que reaccionaron de ese modo?

C.   ¿Cómo responde usted a la enseñanza de Jesús? Explique.

3.   Lea Hebreos 2.10-18.

A.   ¿Qué significa que Jesús fue perfeccionado a través de las aflicciones (versículo 10)?

B.   ¿Por qué Jesús no se avergüenza de llamarnos sus hermanos (versículo 11)?

C.   ¿Por qué el Hijo de Dios se volvió humano, según el versículo 14?

D.   Cómo la experiencia terrenal de Jesús lo califica para convertirse en nuestro «sumo sacerdote» (versículo 17)? Según Hebreos 5.1-10, ¿qué hace Jesús por nosotros como nuestro sumo sacerdote?

E.   ¿De qué manera sufrió Jesús cuando fue tentado? ¿Cómo nos benefició su dolorosa experiencia (versículo 18)?

MEJORAMIENTO DE LA COMUNIDAD

Jesús hizo lo indecible para identificarse con nosotros. ¿Cómo se identifica usted con sus vecinos? Si todavía no conoce a sus vecinos, decida hacerlo esta semana. Invítelos a un café o al cine. Empiece el procedimiento de conocerlos e identificarse con sus luchas y preocupaciones.

CAPÍTULO 3
AMIGO DE FRACASADOS

RECORRIDO POR EL VECINDARIO

1. Jesús comienza a sonreír y mueve la cabeza de un lado al otro. «Mateo, Mateo, ¿crees que vine a ponerte en cuarentena? Seguirme no significa que te olvides de tus amigos. Todo lo contrario. Quiero conocerlos».

   A. ¿Por qué algunas personas como Mateo creen que Jesús vino a ponerlos en cuarentena?

   B. ¿Por qué Jesús quiere conocer a unos «fracasados» y a sus amigos?

2. ¿Qué sería mejor? Pecadores y santos en el mismo salón, y que nadie trate de determinar quién es quién.

   A. ¿Qué hay de bueno en tener santos y pecadores en el mismo salón?

   B. ¿Qué hay de bueno en no tratar de imaginar quién pertenece a qué grupo?

3. Qué historia. Mateo pasa de redoblado traficante a discípulo. Hace una fiesta que pone nerviosos a los religiosos, pero que enorgullece a Jesús. Los hombres buenos parecen buenos, y los malos se ponen en la delantera. Una verdadera historia. ¿Qué hacemos con ella?

   A. ¿Por qué la fiesta de Mateo puso nerviosos a los religiosos?

B. ¿Qué situaciones similares ve usted hoy día? ¿Responde generalmente a ellas como Cristo o como los líderes religiosos? ¿Por qué?

4. Usted no tiene que ser raro para seguir a Jesús. No tienen que dejar de gustarle sus amistades para seguirlo. Todo lo contrario. Presentar a algunas personas sería agradable. ¿Sabe usted cómo asar un filete a la parrilla?

A. ¿Conoce usted a alguien que crea que se necesita «rareza» para el discipulado?

B. ¿Cuáles son algunas maneras eficaces en que usted ha presentado sus amigos a Jesús?

C. ¿Qué quiere decir Max cuando pregunta: «¿Sabe usted cómo asar un filete a la parrilla?» ¿Cómo contestaría esa pregunta?

EL CENTRO DE LA CIUDAD

1. Lea Mateo 9.9-13.

A. ¿Qué problema tuvieron los fariseos con que Jesús asistiera a la fiesta de Mateo (versículos 10-11)? ¿A quién dirigieron su pregunta? ¿Por qué no preguntaron directamente a Jesús?

B. ¿Quién respondió la pregunta de los fariseos? ¿Qué respuesta recibieron (versículo 12)?

C. ¿Quiénes eran los «sanos» en este incidente? ¿Quiénes eran los «enfermos»? ¿Conocían todos su verdadera condición? Explique.

D. ¿Qué les dijo Jesús a los fariseos que aprendieran (versículo 13)? ¿Cómo podría una respuesta adecuada empezar a dirigirlos a la salud espiritual?

2. Lea 1 Corintios 1.26-31.

A. ¿Qué punto resalta Pablo en el versículo 26? ¿Por qué esto es importante?

B. ¿Cómo explica Pablo las acciones de Dios (versículos 27-29)?

C. ¿Cómo describe Pablo el papel de Jesús (versículo 30)?

D. ¿A qué conclusión llega Pablo (versículo 31)?

3. Lea Apocalipsis 5.9-10.

   A. ¿Cómo este cántico a Jesús describe a la gente por la que Él murió? ¿Cuál es su naturaleza?

   B. ¿Qué hará Jesús por aquellos por quienes murió? ¿Qué destino les espera?

MEJORAMIENTO DE LA COMUNIDAD

Para tener un amigo usted debe hacer más que aprender su nombre. Debe aprender a conocer una *persona*. Sea un amigo para alguna persona de su barrio, preferiblemente alguien de más edad que pudiera necesitar su ayuda y amistad. Demuestre su ofrecimiento de amistad por medio de amabilidad creativa: Cortar el pasto, sacar a caminar una mascota, ayudar con una reparación necesaria, hacer un mandado o simplemente darle a su vecino su número telefónico diciéndole: «Llámeme si alguna vez puedo ayudarle».

CAPÍTULO 4
LA MANO QUE A DIOS LE GUSTA TOMAR

RECORRIDO POR EL VECINDARIO

1. La vida entra rauda. Las pálidas mejillas se tornan rosadas. La respiración superficial se vuelve completa. La represa se agrieta y un río inunda. La mujer siente que entra poder. ¿Y Jesús? Él siente que sale poder.

   A. Trate de ponerse en las sandalias de la mujer. ¿Cómo cree usted que se habría sentido en ese momento de sanidad? ¿Sorprendido? ¿Eufórico? ¿Estupefacto? ¿Temeroso? Explique.

   B. ¿Por qué cree usted que Jesús quiso saber quién lo había tocado? ¿Por qué esto fue tan importante para Él, especialmente debido a que su petición asustó a la mujer?

2. «Toda la verdad». ¿Cuánto tiempo había pasado desde que alguien estacionara el automóvil de la vida, diera vuelta a la llave y escuchara su historia? Sin embargo, Jesús lo hace cuando esta mujer se le acerca. Aunque el obispo espera, una joven está muriendo y una multitud lo aprieta, tiene tiempo para una mujer que pertenece a un grupo marginal.

   A. ¿Por qué cree usted que Jesús quería saber toda la verdad de la mujer? ¿Qué esperaba conseguir?

   B. ¿Cómo cree usted que benefició a la mujer contar toda la verdad?

   C. ¿Cómo es que Jesús todavía tiene tiempo para las «personas marginadas»? ¿Cómo le ha visto usted hacer esto?

3. La enfermedad se llevó la fortaleza de la mujer. ¿Qué le quita la fortaleza a usted? ¿Pérdidas en los negocios? ¿Demasiada bebida? ¿Noches enteras en otros brazos? ¿Tediosos días en un trabajo que no nos gusta? ¿Embarazo demasiado pronto? ¿Muy a menudo? ¿Es esa mano la suya? De ser así, anímese. Su familia podrá rechazarla. La sociedad podrá eludirla. ¿Pero Cristo? Cristo quiere tocarla.

   A. Conteste la pregunta de Max. ¿Qué le quita a usted la fortaleza?

   B. ¿De qué modo esto lo ha separado de los demás? ¿De Cristo?

4. La mano de usted es la que a Él le gusta tomar.

   A. ¿Cree usted esta afirmación? Explique.

   B. ¿Cómo «toma» Jesús nuestras manos hoy día? ¿En qué ocasiones de su vida Él le ha tomado su mano?

EL CENTRO DE LA CIUDAD

1. Lea Marcos 5.21-34.

   A. ¿Qué petición hizo a Jesús el principal de la sinagoga (versículo 23)? ¿Cómo respondió Jesús (versículo 24)?

B. Describa el problema de la mujer (versículos 25-26). ¿Qué se compararía hoy a su situación?

C. ¿En qué sentido fue diferente el toque de la mujer al toque de los demás que rodeaban a Jesús? ¿Cómo reaccionaron los discípulos a las preguntas del Maestro sobre quién lo tocó (versículo 31)?

D. ¿Cómo respondió Jesús a la confesión de la mujer (versículo 34)?

2. Lea Marcos 10.13-16.

A. ¿Por qué los discípulos reprendían a ciertas personas? ¿A qué se oponían los discípulos (versículo 13)?

B. ¿Cómo reaccionó Jesús ante la acción de los discípulos (versículo 15)? ¿Qué razón les dio para su reacción (versículos 15-16)?

C. ¿Qué hizo Jesús para resaltar su punto de vista (versículo 16)?

3. Lea Isaías 42.1, 5-7.

A. ¿Quién está hablando en este pasaje? ¿Cómo lo describe el profeta (versículo 5)?

B. ¿Qué promete hacer Dios con quien «ha llamado en justicia» (versículo 6)? ¿A quiénes lo está enviando?

C. ¿Cómo afecta el toque de Dios al que ha llamado, y luego cómo nos afecta el toque del que ha llamado (versículo 7)?

Mejoramiento de la comunidad

Se ha dicho que las manos de los discípulos de Cristo son sus manos ante el mundo. Como seguidor de Él, usted puede «tocar» por Él a la gente de su mundo. Busque un poco para ver dónde se podría necesitar una mano servicial en su barrio o comunidad. ¿Puede usted ofrecerse como voluntario en un banco de alimentos, servir como lector de historias en una escuela primaria local, ofrecerse a servir alimentos en un refugio de desamparados? Averigüe cuáles son las oportunidades y luego aprovéchelas. Sea las manos de Cristo.

CAPÍTULO 5
INTENTA DE NUEVO

RECORRIDO POR EL VECINDARIO

1. Hay una mirada que expresa: «Es demasiado tarde».

   A. ¿Qué clase de mirada expresa: «Es demasiado tarde»? ¿La ha visto usted? Explique.

   B. ¿Ha visto usted alguna vez esta clase de mirada? Explique.

2. Usted se ha sentido como Pedro. Ha estado donde ha estado Pedro. Y ahora Jesús le está pidiendo que se vaya de pesca. Él sabe que sus redes están vacías. Sabe que su corazón está cansado. Sabe que a usted nada le gustaría más que volverle la espalda al desastre y darlo todo por terminado. Sin embargo, Él insta: «No es demasiado tarde para intentar de nuevo».

   A. ¿Qué le está haciendo a usted sentirse cansado en estos momentos?

   B. ¿De qué manera podría Jesús estar pidiéndole que «vaya y pesque»?

3. Descubrir tesoros es fácil para quien los esconde. Encontrar peces es sencillo para el Dios que los hizo. Para Jesús, el mar de Galilea es una pecera de un dólar en un gabinete de cocina.

   A. Si Jesús pudo encontrar tan fácilmente un pez difícil de hallar en el mar de Galilea, ¿qué clase de «pez» difícil de pescar le gustaría a usted que Él le señalara en el mar de usted?

   B. ¿Cómo cambiaría su vida si recordara todo el tiempo que Jesús era (y es) Dios encarnado?

4. Al contrario de lo que quizás le dijeron a usted, Jesús no limita su reclutamiento a los intrépidos. Los apaleados y agotados son prospectos principales en su libro, y se sabe que Él va a barcas, banquillos y burdeles para decirles: «No es demasiado tarde para empezar de nuevo».

A. ¿De qué manera pensamos a veces *que* Jesús limita su reclutamiento a los intrépidos? ¿Por qué creemos este mito?

B. ¿Quiénes ha conocido usted que comenzaron de nuevo? ¿Qué lejos fue Jesús para alcanzarlos? ¿Cómo respondieron?

C. ¿Alguna vez le ha dicho Jesús: «No es muy tarde para comenzar de nuevo»? Explique.

EL CENTRO DE LA CIUDAD

1. Lea Lucas 5.1-11.

    A. ¿Qué petición hizo Jesús a Simón Pedro en el versículo 3? ¿Por qué la hizo?

    B. ¿Qué petición hizo Jesús a Simón en el versículo 4?

    C. ¿Cómo respondió Simón a la petición de Jesús (versículo 5)? ¿Qué hizo de todos modos?

    D. ¿Qué sucedió cuando Simón cumplió la petición de Jesús (versículos 6-7)?

    E. ¿Por qué Simón respondió como lo hizo ante el milagro (versículos 8-10)?

    F. ¿Cómo respondió Jesús a la reacción de Simón (versículo 10)?

    G. ¿Por qué cree usted que Simón y sus compañeros dejaron todo para seguir a Jesús?

2. Lea Romanos 7.14-25.

    A. ¿Cómo se califica Pablo en el versículo 14? ¿Por qué esto es importante?

    B. ¿Qué problema personal describe Pablo en los versículos 15-23? ¿Puede usted identificarse con este problema? Explique.

    C. ¿Cómo hace sentir este problema al apóstol (versículo 24)? ¿Puede usted identificarse con esto? Explique.

    D. ¿Qué pregunta hace Pablo en el versículo 24? ¿Qué respuesta da en el versículo 25? ¿Qué tiene todo esto que ver con «tratar de nuevo»?

MEJORAMIENTO DE LA COMUNIDAD

Casi todos tenemos un vecino, un amigo o un familiar con quien hemos tenido un desacuerdo o conflicto. Quizáss usted ya ha intentado, infructuosamente, de arreglar las cosas. ¿Por qué no intentarlo de nuevo? ¿Qué le está impidiendo hacer otro intento? Antes de acercarse a esa persona, comprométase a pasar al menos una hora en oración acerca de su actitud, sus temores y su meta. Luego, ¡intente de nuevo!

CAPÍTULO 6
TERAPIA DE SALIVA

RECORRIDO POR EL VECINDARIO

1. Hablemos de un papel ingrato: seleccionado para sufrir. Algunos cantan para la gloria de Dios. Otros enseñan para la gloria de Dios. ¿Quién quiere ser ciego para la gloria de Dios? ¿Qué es más duro, la condición o descubrir que fue idea de Dios?

    A. ¿Le gustaría a usted cantar para la gloria de Dios? ¿Enseñar para la gloria de Dios? ¿Estar ciego para la gloria de Dios? Explique.

    B. ¿Qué cree usted que es más duro, ser ciego o saber que su condición fue idea de Dios? Explique.

    C. ¿Cómo explica usted esta historia a alguien fuera de la fe? ¿Cómo explicaría que Dios permite que alguien nazca ciego —y que viva en tal condición durante muchos años— para que otros puedan ver su gloria cuando Él lo sane?

2. ¿Quién sí estaba ciego ese día? Los vecinos no vieron al hombre: vieron una novedad. Los líderes de la iglesia no vieron al hombre: vieron un detalle técnico. Los padres no vieron a su hijo: vieron una dificultad social. Al final, nadie lo vio.

    A. ¿A qué persona en nuestra cultura nadie «ve»?

    B. ¿Se ha sentido usted alguna vez invisible para otros? Explique.

C. ¿Qué ejemplos puede usted pensar en que a diario pasamos por alto los milagros que ocurren a nuestro alrededor, y quizáss en lugar de eso nos enfocamos en lo negativo?

3. ¿Será que algunas personas tienen que pasar por más problemas que otras? De ser así, Jesús lo sabe. Sabe cómo se sienten, y sabe dónde están.

   A. Responda la pregunta de Max.

   B. ¿A quién conoce usted que parece haber estado recibiendo una cuota de adversidad mayor de la debida? Describa la situación de tal persona. ¿Ha notado casos en que las personas responden de modo distinto a las grandes dificultades? ¿Cuál fue el resultado en cada caso?

   C. ¿Por qué cree usted que Dios permite esta cuota despareja de problemas en la vida?

4. Me da pena el traje grasiento que usted lleva, y sus flores tienden a deslizarse, ¿no es así? ¿Quién tiene una respuesta para las enfermedades, dificultades y oscuridades de esta vida? Yo no. Pero sí sé esto: Todo cambia cuando uno mira a su Novio.

   A. ¿Cómo responde usted ante las enfermedades, dificultades y tinieblas de esta vida?

   B. ¿Qué cambia cuando usted mira hacia su Novio?

EL CENTRO DE LA CIUDAD

1. Lea Juan 9.1-41.

   A. ¿Qué pregunta empieza todo este incidente (versículo 2)? ¿De qué formas se plantea hoy en día esta pregunta?

   B. ¿Cómo reaccionaron los vecinos del hombre ante su sanidad (versículos 8-10)? ¿Por qué cree usted que respondieron así?

   C. ¿Cómo reaccionaron los fariseos ante la sanidad del hombre (versículos 13-16)? ¿Por qué cree usted que reaccionaron así?

   D. ¿Cómo reaccionaron los padres del hombre ante la sanidad

de su hijo (versículos 18-23)? ¿Por qué cree usted que reaccionaron así?

E. ¿De qué manera mostró valor el hombre la segunda vez que los líderes religiosos lo mandaron a llamar (versículos 24-33)? ¿Cómo reaccionaron los líderes ante este valor? (versículo 34).

F. ¿Cómo reaccionó Jesús ante el mal trato que tuvo el hombre (versículos 35-37)? ¿Cómo reaccionó el hombre ante Jesús una vez que oyó la verdad (versículo 38)?

2. Lea 2 Corintios 4.16-18.

A. ¿Cómo podemos evitar que desmayemos, según el versículo 16?

B. ¿Cómo nos ayuda el versículo 17 a mantenernos en crecimiento espiritual, a pesar del sufrimiento inexplicable?

C. ¿Qué estrategia de vida revela el versículo 18? ¿Cómo fijar sus ojos en lo que no se ve? ¿Cuáles son algunas maneras prácticas de hacer esto?

MEJORAMIENTO DE LA COMUNIDAD

¿A quién conoce usted que necesita ahora mismo un poco de ánimo? ¿Qué puede hacer usted para alegrar un día lúgubre? No deje que pase otro día sin hacer lo que pueda para llevar algo de ánimo a la vida de esa persona, ya sea por medio de una llamada telefónica, una carta escrita con amabilidad, una visita personal o algo más apropiado.

CAPÍTULO 7
LO QUE JESÚS DICE EN LOS FUNERALES

RECORRIDO POR EL VECINDARIO

1. Todo funeral tiene sus Marta. Esparcidos entre los deudos están los desconcertados. «Ayúdame a entender esto, Jesús».

A. ¿Ha sido usted una «Marta» en un funeral? De ser así, describa cómo se sintió.

B.   ¿Qué muertes lo han desconcertado más a usted? ¿Por qué?

2.   Jesús llora. Llora con ellas. Llora por ellas. Llora con usted. Llora por usted.

A.   ¿Cómo se siente usted al saber que Jesús llora por la tragedia humana?

B.   ¿Qué significa que Jesús llore «con» nosotros?

C.   ¿Qué significa que Jesús llore «por» nosotros?

3.   El dolor no significa que usted no confía. Simplemente significa que no puede soportar el pensamiento de otro día sin el Jacob o el Lázaro de su vida.

A.   ¿Por qué a veces creemos que el dolor sí significa *que* no estamos confiando?

B.   ¿Existe un punto en que el dolor se convierte en dejar de confiar? Explique.

4.   Cuando Jesús habla a los muertos, estos escuchan. En realidad, si Él no se hubiera dirigido a Lázaro por su nombre, se habría levantado el inquilino de cada tumba en la tierra.

A.   ¿Está usted de acuerdo con las afirmaciones de Max? ¿Qué dice esto acerca del poder de Cristo sobre los muertos? ¿Sobre los vivos?

B.   ¿Existe alguien con quien usted ya no insiste más, pensando que nunca «oirá» la voz de Cristo? ¿Cómo lo anima esto a usted?

EL CENTRO DE LA CIUDAD

1.   Lea Juan 11.1-44.

A.   ¿Por qué el versículo 4 parece contradecir al 14? ¿De qué manera se resolvió la contradicción?

B.   ¿Por qué Jesús permaneció donde estuvo durante tres días antes de ir a ver a su amigo Lázaro? ¿Cuál era la prioridad de Jesús?

C. ¿Por qué cree usted que Jesús no les dijo a las hermanas lo que estaba a punto de hacer? ¿Por qué lo mantuvo en secreto hasta que lo hizo?

D. ¿Cómo mostraron las hermanas tanto confianza como duda en esta historia? ¿Cuán a menudo hacemos lo mismo?

2. Lea Romanos 14.8-10.

A. ¿Qué clases de personas pertenecen al Señor, según el versículo 8? ¿Por qué es importante esto?

B. ¿Por qué Cristo murió y resucitó, según el versículo 9?

C. ¿Cómo aplica Pablo esta verdad teológica a un problema muy práctico en el versículo 10?

3. Lea 1 Tesalonicenses 4.13-18.

A. ¿Qué indujo a Pablo a escribir este pasaje, según el versículo 13?

B. ¿Cómo intentó Pablo animar a sus amigos que habían perdido seres queridos (versículos 14-17)?

C. ¿Qué quiso Pablo que hicieran sus amigos con la instrucción que les dio (versículo 18)? ¿Por qué hizo esta petición?

MEJORAMIENTO DE LA COMUNIDAD

Lea una obra compasiva y muy bien escrita sobre el dolor, o sobre cómo preocuparse por quienes sufren, como la de C. S. Lewis *A Grief Observed* [Una pena en observación], o la de Charles Swindoll *For Those Who Hurt* [Para quienes están sufriendo]. Hágase el propósito de aprender algo nuevo acerca de cómo ayudar en el proceso del dolor, y luego busque maneras de poner en práctica su nuevo conocimiento.

CAPÍTULO 8
LA SALIDA DEL INFIERNO

RECORRIDO POR EL VECINDARIO

1. Satanás no descansa. Una mirada al hombre desenfrenado

muestra la meta de Satanás para usted y para mí. *Dolor autoinfligido*. El endemoniado utilizaba rocas. Nosotros somos más sofisti cados: Usamos drogas, sexo, trabajo, violencia y comida. (El infierno hace que nos hiramos a nosotros mismos.)

   A. ¿Cómo ha visto usted personas a su alrededor que sufren dolor autoinfligido?

   B. ¿De qué manera(s) el infierno ha hecho que usted se hiera?

   C. ¿Cómo trató usted con este dolor autoinfligido?

2. Satanás puede perturbarnos, pero no puede derrotarnos. La cabeza de la serpiente está aplastada.

   A. ¿Qué significa que Satanás no pueda «derrotarnos»?

   B. ¿Qué significa que la cabeza de la serpiente esté aplastada?

   C. ¿Cómo está Satanás perturbándolo a usted y a su familia en este momento?

3. Una palabra de Cristo, y los demonios están nadando con los cerdos, y el endemoniado está «vestido y en su juicio cabal». ¡Solo una orden! No se necesitó una sesión de espiritismo. Sin trampas. No se oyeron cánticos ni se prendieron velas. El infierno es un hormiguero contra la aplanadora del cielo.

   A. ¿Por qué puede Cristo controlar a los demonios con una sola orden?

   B. ¿Qué significa para usted que Cristo tenga tal poder sobre el infierno?

4. La serpiente en la zanja y Lucifer en el foso… ambos encon-traron la horma de su zapato. Sin embargo, ambos sacudieron mucho polvo después de su derrota. Por eso, aunque confia-dos, debemos ser *cuidadosos*. Aunque es un viejo y desdentado canalla, ¡Satanás aún da algunos mordiscos!

   A. ¿En qué sentido es usted de prudente al tratar con Satanás y sus fuerzas?

B. Describa algunos ejemplos recientes de la «mordedura» de Satanás.

EL CENTRO DE LA CIUDAD

1. Lea Marcos 5.1-20.

    A. ¿Por qué cree usted que el endemoniado fue al encuentro de Jesús cuando el Señor salió de la barca (versículo 2)? ¿Por qué sencillamente no huyó?

    B. ¿Qué petición hizo el hombre a Jesús (versículo 7)? ¿Por qué cree usted que la hizo?

    C. ¿Por qué cree usted que los demonios querían entrar en los cerdos (versículo 12)?

    D. ¿Cómo reaccionó la gente del pueblo ante esta muestra de fuerza divina (versículos 14-17)?

    E. ¿Qué pidió a Jesús el hombre sanado (versículo 18)? ¿Qué respuesta dio Jesús (versículo 19)? ¿Por qué cree usted que dio esa respuesta?

2. Lea 1 Pedro 5.8-10.

    A. ¿Cómo pinta al diablo este pasaje (versículo 8)? ¿Por qué es esta una descripción acertada?

    B. ¿Cómo ha de resistir usted a Satanás (versículo 9)?

    C. ¿Cómo se afirma usted para poder resistir «firme en su fe»?

    D. ¿Por qué esto le ayuda a recordar que no está solo en el sufrimiento y la tentación (versículo 9)?

    E. ¿De dónde viene en última instancia toda fortaleza espiritual (versículo 10)?

3. Lea Efesios 6.10-18.

    A. ¿Por qué un cristiano necesita armadura espiritual y armas espirituales (versículos 11-12)?

    B. ¿Qué clase de armadura describe aquí Pablo? ¿Qué clase de armamento?

C. Enumere cada uno de los artículos incluidos aquí. ¿De cuáles cree usted que está bien agarrado? ¿A cuáles debe prestarles más atención? ¿Por qué?

Mejoramiento de la comunidad

El tema de guerra espiritual puede asustar a muchas personas y enloquecer a otras, pero la Biblia clarifica que estamos en una batalla espiritual muy real. Lea 2 Corintios 10.3-5 y haga una lista de lo que necesita para mejorar en este sentido. Hable de su lista con una persona de confianza y pídale que lo obligue a rendirle cuentas de lo que anotó en la lista.

CAPÍTULO 9
No depende de usted

Recorrido por el vecindario

1. El Señor no nos envía a una escuela de obediencia para aprender nuevos hábitos. Nos envía al hospital para darnos un corazón nuevo. Olvídese del entrenamiento, Él hace trasplantes.

    A. ¿Por qué necesitamos corazones nuevos en lugar de simple obediencia?

    B. ¿Tiene usted un corazón nuevo? Explique.

    C. ¿Cuáles son los indicios de un corazón nuevo? ¿Cómo contrastan con simples acciones de obediencia?

2. No existe el botón rebobinar en la videocasetera de la vida, ¿verdad? No podemos comenzar de nuevo, ¿no es así? Un hombre no puede nacer de nuevo... ¿o sí?

    A. ¿Ha deseado usted alguna vez pulsar el botón rebobinar en la videocasetera de la vida? ¿Cuánto le gustaría retroceder para cambiar? Puesto que no puede cambiar el pasado, ¿cómo podría utilizarlo para bien?

B. ¿Cómo nos permite Dios «empezar de nuevo»? ¿En qué consiste eso?

C. ¿Qué significa para usted «nacer de nuevo»?

3. Los tropiezos de un niño pequeño no invalidan el hecho de que nació. Asimismo, los tropiezos de un cristiano no anulan su nacimiento espiritual.

A. ¿Por qué algunas veces pensamos que los tropiezos invalidan el nacimiento espiritual?

B. ¿Cómo se siente usted cuando tropieza? ¿Le molesta? Explique.

C. ¿Qué clase de tropiezos es usted más propenso a tener?

4. Dios ha depositado una semilla de Cristo en usted. A medida que esta crece, usted cambia. No es que el pecado ya no se presente más en su vida, sino más bien que ya no tiene más poder en su vida. La tentación lo molestará, pero no lo dominará.

A. ¿Cuál es la «semilla de Cristo» que Dios deposita en sus hijos?

B. ¿Cómo cambió usted desde que se convirtió en cristiano?

C. ¿Tiende la tentación a molestarlo o a dominarlo más a menudo? Explique.

EL CENTRO DE LA CIUDAD

1. Lea Juan 3.1-6.

A. ¿Por qué Nicodemo acudió de noche a Jesús?

B. Enumere algunas similitudes y diferencias entre el nacimiento físico y el espiritual.

C. ¿Quién toma el papel principal en el nacimiento espiritual (versículo 8)? ¿Por qué es importante esto?

D. ¿Qué papel juega la creencia o la confianza en el nacimiento espiritual (versículo 15)?

E. ¿Qué se les promete a quienes ponen su confianza en Cristo (versículo 16)?

2. Lea Tito 3.3-6.

A. ¿Cómo caracteriza Pablo su vida y la de sus amigos antes de su conversión (versículo 3)?

B. ¿Quién tomó el papel principal en sus conversiones (versículos 4-5)?

C. ¿Cómo representa Pablo su salvación (versículo 5)?

D. ¿Qué parte representó Jesucristo en este logro (versículo 6)?

3. Lea Filipenses 1.3-6.

A. ¿Por qué Pablo dice que ora por los filipenses (versículos 3-5)?

B. ¿Quién «comenzó la buena obra» en los amigos de Pablo (versículo 6)? ¿Qué significa esto?

C. ¿Quién completará esta obra en los amigos de Pablo? ¿Cómo lo hará?

MEJORAMIENTO DE LA COMUNIDAD

Los creyentes que tropiezan en su caminar de fe a menudo se sienten fracasados, y algunas veces se preguntan si Dios los podrá seguir soportando. Piense en alguien que usted sepa que ha tenido un tropiezo desagradable en días o semanas anteriores. ¿Qué puede usted hacer para ayudar a esta persona a recuperarse de la caída y continuar con la vida en Cristo? Haga un plan y luego póngalo en acción.

CAPÍTULO 10
EL HOMBRE DE LA BASURA

RECORRIDO POR EL VECINDARIO

1. La voz del hombre es cálida y su pregunta sincera. «¿Me entregarás tu basura?»

A. ¿Cuál es la basura que se menciona aquí?

B. ¿Qué clase de basura lleva con usted?

C. ¿Tiende usted a entregar o a conservar su basura? Explique.

2. Cuando llegan a la colina, la fila hasta la cima es larga. Cientos caminan delante de ellas. Todos esperan en silencio, sorprendidos por lo que oyen: Un grito, un bramido atravesado de dolor que hace eco por unos momentos, interrumpido solo por un gemido. Luego el grito otra vez. Es Él.

A. ¿Por qué grita el hombre de la basura?

B. ¿Por qué se somete voluntariamente a tal dolor?

3. Las palabras de ella son suaves, y no están dirigidas a nadie. «Él está de pie». Luego en voz alta, para su amiga que tenía vergüenza: «Él está de pie». Y más fuerte para todos: «Él está de pie». Ella se da vuelta; todos lo hacen. Lo ven perfilarse contra un sol dorado. De pie. Por supuesto.

A. ¿Qué representa en nuestro mundo esta imagen del hombre de la basura que está de pie?

B. ¿Cómo se siente usted al saber que un Cristo resucitado está de pie?

EL CENTRO DE LA CIUDAD

1. Lea Juan 1.29-31.

A. ¿Por qué Juan el Bautista llama a Jesús «el Cordero de Dios»?

B. Dada su cultura, ¿cómo habría interpretado la audiencia de Juan la referencia a un cordero?

C. Puesto que Jesús nació varios meses después que Juan, ¿de qué modo fue Jesús «antes» que Juan (versículo 30)?

D. Usando una concordancia bíblica, busque varias clases de referencias a «corderos». ¿De qué maneras fue Jesús como un cordero?

2. Lea 2 Corintios 5.17-6.2.

   A. ¿Cómo ser una «nueva criatura» en Cristo se relaciona con la imagen de colocar la basura de alguien ante el Hombre de la basura?

   B. Cuando Dios nos redime (y se lleva nuestra basura), ¿qué nos pide que hagamos a cambio (versículos 18-20)?

   C. ¿Cuándo es el mejor momento para que usted entregue a Dios la basura (versículo 2)?

MEJORAMIENTO DE LA COMUNIDAD

¿Qué «basura» tiende a llevar con usted? ¿Cómo está esto abrumándolo? ¿Qué le impide dejar estos desperdicios a los pies de Jesús? Aparte hoy una buena cantidad de tiempo, y lleve toda su basura a su Salvador. Pase al menos media hora en oración, confesando cualquier cosa que deba confesar y pidiéndole al Señor que lleve su carga por usted. Asegúrese de cerrar su tiempo de oración con alabanzas a aquel que le ofreció llevar sus cargas.

CAPÍTULO 11
A JESÚS LE ENCANTA ESTAR CON QUIENES AMA

RECORRIDO POR EL VECINDARIO

1. Viajes de vacaciones. No son fáciles. ¿Por qué entonces los hacemos? ¿Por qué abarrotamos los baúles de los autos y soportamos los aeropuertos? Usted sabe la respuesta. Nos encanta estar con nuestros seres queridos.

   A. Describa la última vez que hizo un viaje de vacaciones. ¿Qué desafíos presentó?

   B. Si nos gusta estar con quienes amamos, entonces ¿por qué tan a menudo estamos lejos de ellos?

2. Qué mundo dejó Jesús. Nuestra mansión de más clase sería

para Él como el tronco de un árbol. La más fina cocina serían nueces en la mesa del cielo.

   A. ¿Qué es para usted lo más extraordinario en el hecho de que Jesús haya dejado el cielo para venir a la tierra?

   B. ¿Por qué cree usted que Jesús dejó el cielo para vivir entre nosotros en la tierra?

3. Todavía hablándole desde la puerta, el Dr. Maltz le contó al hombre la propuesta de su esposa. «Ella quiere que yo le desfigure el rostro y se lo deje como el suyo con la esperanza de que usted la vuelva a dejar entrar a su vida. Eso demuestra cuánto lo ama». Hubo un breve momento de silencio y luego, muy lentamente, la manija de la puerta comenzó a girar.

   A. ¿Qué comprendió finalmente el hombre? ¿Qué fuerza lo hizo cambiar de opinión?

   B. ¿Ha experimentado usted alguna vez un amor humano tan grande como el de la esposa en la historia? Explique.

4. Dios adoptó nuestro rostro, nuestra desfiguración. Se volvió como nosotros. Mire solamente los lugares a los que estuvo dispuesto a ir: abrevaderos, talleres de carpintería, desiertos y cementerios. Los lugares a los que fue para alcanzarnos nos muestran cuán lejos irá para tocarnos.

   A. ¿Cómo adoptó Jesús nuestra desfiguración? ¿Por qué lo hizo?

   B. ¿A qué lugares desagradables ha visto usted ir a Jesús? ¿Qué hizo allá?

   C. ¿Dónde lo encontró Jesús a usted? Describa lo que sucedió.

EL CENTRO DE LA CIUDAD

1. Lea Filipenses 2.4-11.

   A. ¿Qué mandato se nos da en el versículo 4? ¿Qué es difícil y qué es fácil acerca de seguir este mandato?

    B. ¿Qué clase de ejemplo estableció Jesús para nosotros? Enumere algunas áreas.

    C. ¿Cómo premiará Dios a Jesús por su obediencia (versículos 9-11)? ¿Cómo intenta esto animarnos?

2. Lea Juan 1.14.

    A. ¿Quién es «el Verbo» en este versículo? ¿Cómo lo sabe usted?

    B. ¿De dónde vino este Verbo?

    C. ¿Qué significa que Él estaba «lleno» de verdad?

    D. ¿Qué significa que Él estaba «lleno» de gracia?

3. Lea Juan 14.15-18.

    A. ¿Cómo probamos nuestro amor por Jesús, según el versículo 15?

    B. ¿A quiénes enviará Jesús otro «Consolador», «Ayudador» o «Consejero», según el versículo 16? ¿Quién es este Consolador?

    C. ¿Dónde podemos encontrar este Consolador (versículo 17)?

    D. ¿Qué promesa hizo Jesús en el versículo 18? ¿Cómo la está manteniendo hoy día? ¿Cómo demuestra esto que a Él le gusta estar con quienes ama?

MEJORAMIENTO DE LA COMUNIDAD

El libro de Hebreos habla de tener lástima de quienes están en la cárcel (10.34) y recordarlos como si estuviéramos allí con ellos (13.3). ¿Ha considerado usted visitar a alguien en la cárcel? Investigue un poco qué ministerios locales se extienden a los presos o revise www.pfm.org (página web de Prison Fellowship) para conseguir alguna dirección útil. ¡Y luego planifique un viaje!

CAPÍTULO 12
¿QUÉ TAL ES?

RECORRIDO POR EL VECINDARIO

1. El primer paso en el itinerario de Jesús fue un vientre. ¿Adónde irá Dios para tocar al mundo? Mire profundamente dentro de María en busca de una respuesta.

   A. ¿Por qué cree usted que Dios se molestó con un nacimiento humano? Si hizo «a un lado» un padre humano, ¿por qué no hacer «a un lado» una madre humana?

   B. ¿Qué es lo más espectacular para usted acerca de María? Según la sabiduría humana, ¿por qué podría parecer ella una decisión insólita?

2. Jesús creció en María hasta que debió salir. Cristo crecerá en usted hasta que lo mismo ocurra. Él saldrá en sus palabras, sus acciones y sus decisiones. Todo lugar en que usted viva será un Belén, y cada día de su vida será una Navidad.

   A. ¿Cómo está saliendo Cristo en lo que usted dice, en lo que hace y en sus decisiones?

   B. ¿Puede decir que todo lugar en que usted vive es un Belén? Explique.

3. Usted es una María de los tiempos modernos. Incluso aún más. Él fue un feto en ella, pero es un poder en usted. Él hará lo que usted no puede.

   A. ¿Le causa problemas pensar en usted mismo como «una María de los tiempos modernos»? Explique.

   B. Describa algunas cosas que Jesús ha hecho por su intermedio que usted no habría podido hacer por su cuenta.

4. Si María es nuestra medida, Dios parece menos interesado en el talento y más interesado en la confianza.

A. ¿Por qué está más interesado Dios en la confianza que en el talento?

B. ¿Es esta una buena o mala noticia para usted? Explique.

El centro de la ciudad

1. Lea Lucas 1.26-38.

   A. ¿Cómo saludó el ángel a María (versículo 28)? ¿Cómo reaccionó ella (versículo 29)? ¿Por qué?

   B. ¿Qué promesa le hizo el ángel a María (versículos 30-33)? ¿Qué detalles importantes parece que el ángel excluyó (versículo 34)?

   C. ¿Cómo contestó el ángel la pregunta de María sobre su estado civil de soltera (versículo 35)? ¿De qué modo esta respuesta no nos da en realidad muchas respuestas?

   D. ¿Cómo respondió María al anuncio total (versículo 38)? ¿Qué muestra esto acerca de ella?

2. Lea Hechos 26.9-24.

   A. ¿Cómo se describe Pablo antes de conocer a Jesús en el camino a Damasco (versículos 9-11)?

   B. Según 2 Corintios 6.4-10, ¿cómo describe Pablo su vida después de conocer a Jesús?

   C. Según Gálatas 2.20, ¿a qué atribuye Pablo el extraordinario cambio en su vida?

3. Lea Efesios 3.16-19.

   A. ¿Qué oración ofreció Pablo a los efesios en el versículo 16? Enumere los varios elementos de esta oración.

   B. ¿Qué significa para Cristo «habitar» en el corazón de una persona «por la fe»?

   C. ¿Qué oración ofrece además Pablo en el versículo 18? ¿Cómo se levanta esta oración sobre la anterior?

D. ¿Cuál es para Pablo la respuesta final a esta oración (versículo 19)?

MEJORAMIENTO DE LA COMUNIDAD

¿Qué está usted haciendo actualmente en su vida cristiana que por nada del mundo podría hacer si Cristo *no* estuviera obrando a través de usted? Haga una lista de estas cosas. Si su lista parece corta, comprométase con Dios a orar durante un mes a fin de que Él lo instruya y dirija en este campo. Pídale a Dios que le muestre cómo dejar que Cristo viva a través de usted en sus actividades cotidianas normales, y luego observe qué cambios comienzan a darse.

CAPÍTULO 13
UNA CURA PARA LA VIDA COMÚN

RECORRIDO POR EL VECINDARIO

1. Usted vive una vida común. Salpicada de bodas ocasionales, cambios de empleo, trofeos de bolos y graduaciones —algunos hechos destacados— pero principalmente se trata del ritmo cotidiano que usted tiene en común con la mayoría de los seres humanos.

    A. ¿Qué es común acerca de su vida?

    B. ¿Qué es extraordinario acerca de su vida?

2. Durante treinta de sus treinta y tres años Jesús llevó una vida común. Aparte de ese único incidente en el templo a los doce años, no hay nada escrito de lo que haya dicho o hecho en los primeros treinta años en que caminó en este planeta.

    A. Por qué cree usted que Jesús esperó hasta los treinta años para comenzar su ministerio público?

    B. ¿Qué de valor hubo en los treinta años de «vida común» de Jesús?

3. La próxima vez que sienta ordinaria su vida, siga el ejemplo de

Jesús. Ponga atención a su trabajo y a su mundo.

    A. ¿Le gusta sentirse ordinario? Explique.

    B. ¿Cómo podría usted hacer extraordinarias sus experiencias ordinarias?

4. ¿Qué clase de amor adopta desastres? ¿Qué clase de amor mira el rostro de niñas, teniendo pleno conocimiento del peso de tal calamidad, y dice: «Las llevo conmigo».

    A. Conteste estas preguntas.

    B. ¿Por qué diría Dios estas cosas acerca de nosotros? ¿Por qué nos adoptaría?

EL CENTRO DE LA CIUDAD

1. Lea Marcos 6.1-6.

    A. ¿Por qué la enseñanza de Jesús dejó estupefactos a los vecinos de su pueblo natal (versículos 2-3)?

    B. ¿Cómo respondió Jesús a los comentarios de sus vecinos (versículos 4-6)?

    C. ¿Por qué estaba Jesús asombrado de sus vecinos?

2. Lea 1 Pedro 1.17-21

    A. ¿Qué significa vivir «en temor» (versículo 17)? ¿A qué se parece?

    B. ¿Cómo describe Pedro la clase de vida transmitida a nosotros (versículo 18)?

    C. ¿Cómo describe Pedro al que nos redimió (versículo 19)?

    D. ¿Qué elementos humanos y divinos en la vida de Jesús describe el versículo 20?

    E. ¿En quién colocamos nuestra fe, según el versículo 21? ¿A través de quién ejercitamos esta fe? ¿Qué es importante acerca de esto?

RECORRIDO POR EL VECINDARIO

Algunos cristianos toman un sendero nocivo debido a que quieren desesperadamente ser vistos de cualquier modo menos como ordinarios. Sin embargo, lea 1 Tesalonicenses 4.11-12. ¿Qué dice aquí Pablo acerca de una vida cristiana ordinaria? ¿A qué conduce? ¿Qué tendría usted que hacer, si es que hay algo, para ponerse al corriente con esta instrucción? Comprométase a memorizar estos dos versículos y a meditar sobre ellos durante las próximas dos semanas. Busque una oportunidad ordinaria y no recompensada de servir.

CAPÍTULO 14
AH, LIBRE DE PDP

RECORRIDO POR EL VECINDARIO

1. ¿Tiene usted PDP? Cuando ve triunfadores, ¿se pone celoso? Cuando ve gente que lucha, ¿se pone pedante? Si alguien le cae mal, ¿tiene esa persona tantas probabilidades de caerle bien un día como yo de ganar la Vuelta a Francia?

   A. Describa lo que Max quiere decir con Patrones Destructivos de Pensamiento (PDP).

   B. Responda la pregunta de Max: ¿Qué otros PDP le vienen a la mente?

2. La lujuria lo cortejó, la codicia lo atrajo, el poder lo llamó. Jesús —el humano— fue tentado. Pero Jesús —el Dios santo— resistió. Le llegaron correos electrónicos contaminados, pero Él resistió el impulso de abrirlos.

   A. ¿Cómo puede tener tentaciones un Hijo de Dios que nunca ha pecado? ¿Qué significaría para nosotros que Él no pudiera tenerlas?

   B. ¿Cómo resistió Jesús el impulso de abrir el «correo electrónico contaminado»? ¿Cómo podemos hacer lo mismo?

3. ¿Recuerda al niño de doce años en el templo? ¿Aquel con excelentes pensamientos y una mente de teflón? Adivine qué. ¡Esa es la meta de Dios para usted! ¡Usted está hecho para ser como Cristo!

   A. ¿De qué maneras quisiera usted ser más como Cristo? Sea específico.

   B. Describa a alguien cuya fe respete usted. ¿De qué modo esta persona modela a Cristo para usted?

4. Dios cambia al hombre cambiándole la mente. ¿Cómo sucede esto? Haciendo lo que usted hace ahora mismo. Reflexionando en la gloria de Cristo.

   A. ¿Qué significa reflexionar «en la gloria de Cristo»?

   B. ¿Cuán a menudo permite usted que su mente considere la persona y la obra de Jesús? ¿Qué es más efectivo en ayudarle a usted a hacer esto?

El centro de la ciudad

1. Lea Lucas 2.41-50.

   A. ¿Por qué cree usted que Jesús no informó a sus padres que iba a quedarse en Jerusalén?

   B. ¿Qué clase de preguntas imagina usted que Jesús hizo a los maestros en el templo?

   C. ¿Por qué cree usted que Jesús hizo a sus padres las preguntas que formuló en el versículo 49?

   D. ¿Por qué cree usted que los padres de Jesús no comprendieron lo que les dijo?

   E. Lucas nos dice que Jesús fue obediente a sus padres, aun cuando ellos no lo entendían (versículo 50). ¿Por qué es importante esto?

2. Lea Romanos 8.5-11.

A. ¿Qué prueba da Pablo en el versículo 5 para saber si estamos siguiendo a Dios o a nuestros propios intereses egoístas?

B. ¿Qué próduce la mente pecaminosa (versículo 6)? ¿Qué produce la mente piadosa?

C. ¿Cómo podemos asegurarnos de que nuestras mentes experimenten paz y vida (versículo 9)? ¿Qué exige esto, hablando prácticamente?

D. ¿Qué promesa se nos da en el versículo 11?

3. Lea Colosenses 3.1-17.

A. ¿Qué instrucción nos da Pablo en los versículos 1-2? ¿Qué significa esto en términos prácticos?

B. ¿Cómo desarrolla Pablo su mandato en los versículos que siguen? ¿Cómo puede usted saber si está cumpliendo o no con sus instrucciones?

C. Haga una lista de dos columnas. Ponga en un lado las cualidades «buenas» que Pablo dice que debemos buscar; ponga en el otro lado las cualidades «malas» que debemos evitar. ¿Cómo el esforzarse por tener la mente de Cristo lleva de modo natural a esta manera de vivir?

MEJORAMIENTO DE LA COMUNIDAD

¿Listo para un desafío? No es un libro fácil, pero *Future Grace* [Gracia Futura], de John Piper, brinda guía y apreciaciones extraordinarias para vencer las tentaciones específicas que todos enfrentamos. El autor muestra cómo usar versículos bíblicos particulares para combatir varios pecados que nos acosan, como ansiedad, orgullo, vergüenza, impaciencia, amargura, codicia y desaliento. Consiga una copia del libro y empiece a leer la sección sobre la tentación que le ocasiona más problemas.

CAPÍTULO 15
DE PEATÓN A DUEÑO DE AUTO

RECORRIDO POR EL VECINDARIO

1. El bautismo no era una práctica nueva. Era un rito obligatorio para cualquier gentil que deseaba convertirse en judío. Era para gente anticuada, de segunda clase, no escogida. No para las clases limpias, encumbradas y favoritas: Los judíos. He aquí el problema. Juan se niega a hacer diferencias entre judíos y gentiles. A su modo de ver, todo corazón necesita una obra en detalle.

   A. ¿Por qué Juan creía que «todo corazón necesita una obra en detalle»?

   B. ¿De qué manera el corazón *de usted* necesita una obra en detalle? Explique.

2. ¿Qué debemos? Debemos a Dios una vida perfecta. Perfecta obediencia a todos los mandatos.

   A. ¿Está usted de acuerdo con estas afirmaciones? ¿Por qué, o por qué no?

   B. ¿Cómo se sentiría usted si se detuviera ante la exigencia? ¿Por qué?

3. El bautismo celebra la decisión de usted de sentarse en el vehículo. No somos salvos por la acción, sino que la acción demuestra el modo en que somos salvos. Se nos da crédito por una vida perfecta que no llevamos, por una vida que nunca podríamos llevar.

   A. ¿Cómo celebra y demuestra el acto del bautismo la manera en que somos salvos?

   B. ¿Por qué cree que Dios utiliza actos físicos para servir como marcadores espirituales?

4. Al responder al timbre esa noche, la hija encontró una caja de

dos metros, vivamente envuelta. La abrió, y de ella salió su padre, recién salido del avión, que venía de la costa oeste. ¿Puede usted imaginar la sorpresa de ella? Quizás pueda. Su regalo también vino en carne.

A. ¿Cómo el Padre de usted se convirtió en un regalo?

B. ¿Qué ha hecho usted con ese regalo? ¿Qué está haciendo con él?

EL CENTRO DE LA CIUDAD

1. Lea Mateo 3.13-17.

    A. ¿Por qué cree usted que Jesús quiso ser bautizado por Juan?

    B. ¿Cómo reaccionó Juan al deseo de Jesús de ser bautizado (versículo 14)?

    C. ¿De qué manera el bautismo de Jesús «cumplió toda justicia» (versículo 15)?

    D. ¿Cómo demostró Dios su aprobación de Jesús en este suceso (versículos 16-17)?

2. Lea Romanos 6.3-7.

    A. ¿Qué quiere decir Pablo con que los cristianos son «bautizados» en la muerte de Cristo (versículo 3)?

    B. ¿En qué sentido el bautismo simboliza el inicio de una nueva manera de vivir (versículo 4)?

    C. Si somos «sepultados» con Cristo en el bautismo, ¿a qué «resucitamos» (versículo 5)?

3. Lea Gálatas 3.26-29.

    A. ¿Cómo se convierte alguien en un hijo de Dios, según el versículo 26?

    B. ¿Qué significa ser «revestidos de Cristo» (versículo 27)?

    C. ¿Cómo este «revestimiento» lleva a la afirmación de Pablo en el versículo 28?

    D. ¿Qué promesa reitera Pablo en el versículo 29?

RECORRIDO POR EL VECINDARIO

¿Ha seguido usted al Señor en el bautismo? ¿Por qué no, si hizo un compromiso de fe con Cristo? Si este es un paso de obediencia que usted está listo a tomar, entonces prográmelo. Haga una cita con su pastor para hablar de lo que involucra el bautismo y lo que significa, y prepárese para el acontecimiento. Invite familiares y amigos —¿por qué no vecinos también?— y haga del bautismo la celebración que Dios quiere que sea. Si usted ya se bautizó, averigüe cuándo un amigo o un ser querido se va a bautizar, y tenga una celebración especial.

CAPÍTULO 16
INVIERNO PROLONGADO Y SOLITARIO

RECORRIDO POR EL VECINDARIO

1. ¿Cómo sabe usted si está en un desierto? Usted está solo. Ya sea en realidad o en sentimiento, nadie puede ayudarlo, comprenderlo o rescatarlo.

    A. Describa la última vez que estuvo en el desierto de la soledad. ¿Qué lo llevó allí?

    B. Cuando usted se siente solo, ¿por qué parece que nadie puede ayudarlo, comprenderlo o rescatarlo?

    C. ¿Cómo enfrenta las épocas de soledad?

2. Escuche, usted y yo no podemos competir con Satanás. Jesús lo sabe. Por eso se puso nuestra camiseta. Mejor aún, se puso nuestra carne. Debido a que lo hizo, nosotros pasamos airosos la prueba.

    A. ¿Cómo demostramos a veces que creemos *poder* competir con Satanás? ¿Qué sucede inevitablemente?

    B. ¿Cómo enfrentó Jesús las tentaciones que le presentó Satanás?

3. Satanás no denuncia a Dios, simplemente levanta dudas acerca

de Dios. Intenta, aun gradualmente, que nuestra fuente de confianza en la promesa divina cambie hacia nuestro desempeño.

A. ¿Cómo hace Satanás que a menudo nos surjan dudas acerca de Dios?

B. Describa la última vez que su confianza comenzó a alejarse de las promesas de Dios e ir hacia su propio desempeño. ¿Qué ocurrió?

4. El arma de supervivencia de Jesús es la Biblia. Si las Escrituras fueron suficientes para su desierto, ¿no deberían ser suficientes para el nuestro? Dude de sus dudas antes que dudar de sus creencias.

A. ¿Por qué cree usted que Jesús escogió las Escrituras como su «arma preferida»?

B. ¿Cómo utiliza usted la Biblia cuando se siente bajo ataque espiritual?

C. ¿Qué significa dudar de sus dudas antes que dudar de sus creencias?

EL CENTRO DE LA CIUDAD

1. Lea Lucas 4.1-13.

A. Jesús no solo vagó por el desierto. El Espíritu lo *llevó* allí (versículo 1). ¿Por qué?

B. ¿Cuándo tentó Satanás con pan a Jesús? ¿Cuando estaba lleno o vacío, fuerte o débil? ¿Qué sugiere esto acerca de la tentación de Satanás hacia nosotros (versículos 2)?

C. ¿Cuáles son las tres tentaciones que registra la Biblia? ¿Cómo respondió Jesús a todas?

D. ¿Qué significa tentar al Señor (versículo 12)?

E. El versículo 13 dice que Satanás se apartó de Jesús «por un tiempo». ¿Qué nos sugiere esto acerca de nuestras tentaciones?

2. Lea Santiago 1.13-15.

   A. ¿Cuál es la fuente de nuestras tentaciones? ¿Cuál *no* es la fuente?

   B. Describa el «ciclo de vida» de tentación y pecado. ¿Por qué es importante captar este ciclo de vida?

3. Lea Hebreos 4.14-16.

   A. ¿Cómo describe el versículo 14 al Jesús resucitado? ¿Por qué nos es importante?

   B. ¿Cómo describe a Jesús el versículo 15? ¿Por qué esto es importante para nosotros?

   C. ¿Qué aplicación de estas verdades hace el versículo 16? ¿Ha aplicado usted la verdad de este modo? Explique.

MEJORAMIENTO DE LA COMUNIDAD

Muchos estudios han mostrado que la soledad se ha vuelto una epidemia nacional. Piense en sus vecinos por un momento. ¿Quién de ellos parece solitario? De modo amable y sensible, esté alerta a los solitarios en su vecindario y vea qué puede hacer para aplacar esa soledad. Invite a la persona a jugar una partida de algo, ir al cine o salir de excursión familiar. *Intente algo.* Usted no tiene que ser médico para tratar de curar la soledad.

CAPÍTULO 17
DIOS SE METE EN LAS COSAS

RECORRIDO POR EL VECINDARIO

1. La presencia de problemas no nos sorprende. La ausencia de Dios, sin embargo, nos deshace. Podemos ascender a la ambulancia si Dios está en ella. Podemos tolerar la unidad de cuidados intensivos si Dios está en ella. Podemos enfrentar la casa vacía si Dios está en ella. ¿Está Él?

   A. Describa la última vez que enfrentó un sufrimiento importante. ¿Sintió como si Dios estuviera allí con usted? Explique.

B.   ¿Cuándo le es más difícil creer que Dios está con usted?

2.   Cristo en tiempo presente. Nunca dice: «Yo fui». Nosotros sí, porque «fuimos». Fuimos más jóvenes, más rápidos, más hermosos. Rememoramos por tener la tendencia de ser gente de tiempo pasado. No Dios. Inquebrantable en fortaleza, no dice: «Yo fui». El cielo no tiene espejos retrovisores.

A.   ¿Qué significa para nosotros que Cristo siempre es «tiempo presente»?

B.   ¿Cree usted que Dios tiene algo de qué arrepentirse? Explique.

3.   ¡Dios se mete en las cosas! Mares Rojos. Peces grandes. Fosos de leones y hornos. Negocios en bancarrota y celdas de cárceles. Desiertos de Judea, bodas, funerales y tempestades galileas. Observe y descubrirá lo que descubrieron todos, desde Moisés hasta Marta. Dios está en medio de nuestras tormentas. Eso incluye las de usted.

A.   ¿Cómo se ha metido Dios en las cosas de su vida? Describa un par de incidentes.

B.   ¿Cómo busca usted a Dios en medio de sus tormentas personales?

C.   ¿Cómo puede usted ayudar a otros a encontrar a Dios en medio de sus tempestades?

EL CENTRO DE LA CIUDAD

1.   Lea Mateo 14.22-23.

A.   ¿De quién fue la idea de que los discípulos fueran a la otra ribera del lago (versículo 22)? ¿Por qué es importante recordar esto?

B.   ¿Qué hizo Jesús después de despedir a la multitud (versículo 23)? ¿Qué ejemplo nos da?

C.   ¿Por qué los discípulos pensaron que Jesús era un fantasma (versículo 26)? ¿Cuán a menudo hemos confundido a Jesús con algo o alguien más?

D. ¿Cómo respondió Jesús al temor de sus discípulos (versículo 27)?

E. ¿Aplaude o desaprueba usted la petición de Pedro (versículo 28)? ¿Por qué?

F. ¿Qué hizo que Pedro se hundiera (versículo 30)? ¿Cómo se parece esto a nosotros?

G. ¿Cómo nos da el versículo 33 un fin adecuado para la historia? ¿Por qué este final también sería un buen final para nuestras historias?

2. Lea Juan 6.48; 8.12, 58; 10.9, 11, 36; 11.25; 14.6; 15.1.

A. Pase algún tiempo analizando cada una de las afirmaciones «yo soy» de Cristo en el evangelio de Juan. ¿Qué significa cada una? ¿Cómo se supone que cada una le da esperanza y futuro?

B. Sustituya «yo soy» en estas afirmaciones por «yo fui o seré» ¿Afecta eso la esperanza que ofrecen?

MEJORAMIENTO DE LA COMUNIDAD

Momentos de enseñanza para niños los podemos encontrar al extendernos hacia los menos afortunados en nuestra comunidad. Si usted tiene hijos, considere llevarlos a una cultura menos privilegiada en un viaje misionero familiar patrocinado por la iglesia. También podría llevarlos a servir durante una tarde o un día en las misiones de rescate en el centro de la ciudad. Los adolescentes pueden ayudar con cursos de alfabetización patrocinados por la ciudad. Investigue sus oportunidades de servir a los menos privilegiados, y luego haga que toda la familia participe.

CAPÍTULO 18
¿ESPERANZA O ESPECTÁCULO?

RECORRIDO POR EL VECINDARIO

1. ¿Se ha sentido usted alguna vez como si estuviera a medio camino en lo religioso.

   A. Conteste esta pregunta.

   B. Describa algunas de las insinuaciones religiosas que usted oyó el año pasado.

   C. ¿Cómo puede usted saber cuándo está oyendo un «charlatán de carnaval»?

2. El error de Pedro no fue hablar, sino hablar herejía. Tres monumentos igualarían a Moisés y a Elías con Jesús. Nadie comparte la plataforma con Cristo.

   A. ¿Por qué Elías y Moisés no pueden compartir la plataforma con Cristo?

   B. ¿Cómo aventaja Jesús a cualquier héroe espiritual del pasado?

   C. ¿Por qué cree usted que Dios hizo que Moisés y Elías se reunieran con Jesús en el monte?

3. En los evangelios sinópticos, Dios habla solamente dos veces: en el bautismo y luego aquí en la transfiguración. En ambos casos comienza con «este es mi Hijo amado». Pero en el río concluye con esta afirmación: «En quien tengo complacencia». En el monte concluye con esta aclaración: «A Él oíd».

   A. ¿Por qué cree usted que Dios habló en forma audible desde el cielo sólo dos veces en los evangelios? ¿Por qué no hablar más a menudo?

   B. ¿Por qué cree usted que Dios diría de Jesús en la primera ocasión: «En quien tengo complacencia», mientras que en la segunda dijo: «A Él oíd»?

    C. ¿Cómo escucha usted activamente a Jesús?

4. No le quepa la menor duda, Jesús mismo se vio como Dios. Él nos deja con dos opciones: Aceptarlo como Dios o rechazarlo como un megalomaníaco. No hay una tercera opción.

    A. ¿Por qué cree que muchas personas insisten en que Jesús nunca aseguró ser Dios?

    B. ¿Cómo mostraría usted a alguien que Jesús afirmó de verdad ser divino?

    C. ¿Qué decisión ha tomado usted acerca de la identidad de Cristo? ¿Por qué la tomó?

EL CENTRO DE LA CIUDAD

1. Lea Lucas 9.27-36.

    A. ¿De qué manera fue la transfiguración un cumplimiento profético (versículo 27)?

    B. ¿Cómo cree usted que los discípulos reconocieron a Moisés y Elías (versículo 33)?

    C. ¿Por qué cree que los discípulos temieron cuando la nube los cubrió (versículo 34)?

    D. ¿Por qué cree que los discípulos callaron por un tiempo acerca de la historia de la transfiguración (versículo 36)?

2. Lea Mateo 24.30.

    A. ¿Qué conexión tiene este versículo con la historia de la transfiguración?

    B. ¿Cómo puede la verdad declarada en este versículo darle esperanza y fortaleza para continuar, aun en circunstancias difíciles?

MEJORAMIENTO DE LA COMUNIDAD

Muchas sectas religiosas proclaman alguna conexión con Jesucristo y al mismo tiempo niegan rotundamente su divinidad. Consiga una copia de una buena fuente acerca de sectas no cristianas [el Nuevo diccionario de religiones, denominaciones y sectas de Marcos A. Ramos, por ejemplo] y estudie en detalle las razones por las que muchos cristianos creen en la deidad de Cristo, así como por qué estos grupos sectarios la niegan.

CAPÍTULO 19
¡ABANDONADO!

RECORRIDO POR EL VECINDARIO

1. Estas son tinieblas sobrenaturales. No es una reunión casual de nubes ni un breve eclipse de sol. Es un manto de oscuridad de tres horas.

    A. Imagine cómo habrían reaccionado ante la oscuridad los testigos de este suceso.

    B. ¿Por qué ocasionaría Dios tal oscuridad?

    C. ¿Ha experimentado usted un acto repentino y dramático de la naturaleza? ¿Cómo reaccionó usted?

2. ¡Cielos! He allí la palabra más dura. *Abandono*. La casa que nadie quiere. El niño que nadie reclama. El padre que nadie recuerda. El Salvador que nadie entiende. Jesús rasga la oscuridad con la pregunta más solitaria del cielo: «Dios mío, Dios mío, ¿por qué me has desamparado?»

    A. Describa una ocasión en que se sintió abandonado.

    B. ¿Se ha sentido usted alguna vez abandonado? Explique.

    C. ¿Por qué abandonaría Dios a su Hijo unigénito, «en quien tengo complacencia»?

3. ¿Ve a Cristo en la cruz? Un chismoso cuelga allí. ¿Ve a Jesús? Desfalcador. Intolerante. ¿Ve al carpintero crucificado? Es quien maltrata a una esposa, adicto a la pornografía y asesino. ¿Ve al niño de Belén? Llámelo por otros nombres: Adolfo Hitler, Osama bin Laden y Jeffrey Dahmer.

A. ¿Fue injusto que Dios pusiera el pecado del mundo sobre su Hijo perfectamente obediente? Explique.

B. ¿Tiene sentido la vacilación de Jesús en el huerto de Getsemaní al reflexionar en el pecado en que Él «se convirtió» en la cruz? Explique.

EL CENTRO DE LA CIUDAD

1. Lea Mateo 27.45-54.

   A. ¿Por qué cree usted que Mateo nos habla de las tinieblas que cubrieron la tierra por tres horas (versículo 45)?

   B. ¿Qué cree usted que estaba pasando por la mente de Jesús cuando clamó a gran voz las palabras registradas en el versículo 46?

   C. ¿Qué sucedió en el momento en que Jesús murió (versículos 51-53)? ¿Por qué son importantes estas cosas?

   D. ¿Cómo reaccionaron los soldados romanos ante lo que vieron (versículo 54)?

2. Lea Salmo 22.1-18.

   A. Lea cuidadosamente estos versículos y vea cuántos cumplimientos proféticos puede encontrar en la crucifixión de Cristo.

   B. Cuando usted tiene miedo, ¿qué Escritura le da fortaleza?

3. Lea 2 Timoteo 4.9-18.

   A. Describa brevemente la situación personal de Pablo, como la menciona este pasaje.

   B. ¿Cómo reaccionó el apóstol cuando se vio abandonado (versículos 10, 16)?

   C. ¿Cómo encontró el apóstol fortaleza en Dios, aun en medio de este abandono (versículos 17-18)? ¿Cómo podemos hacer lo mismo?

RECORRIDO POR EL VECINDARIO

Un popular cántico de alabanza dice que Jesús fue abandonado para que nosotros no lo fuéramos. Sin embargo, algunas personas (cristianas inclusive) se sienten abandonadas. Usted puede romper las cadenas del abandono al demostrar cuidado e interés por alguien en su mundo. Con un pequeño inicio, como una invitación a cenar, usted puede mostrar a alguien que no está solo. Si una invitación personal resultara agobiante para la persona, intente una reunión de grupo, como una fiesta en el vecindario. Llámela «fiesta para conocerse», sugiriendo que habrá otros en el grupo que son nuevos en el vecindario, y de este modo el suceso se volverá menos intimidante.

CAPÍTULO 20
EL *GOLPE DE GRACIA* MAESTRO DE CRISTO

RECORRIDO POR EL VECINDARIO

1. ¿No aullamos? Quizás no en lavaderos de autos sino en estadías en hospitales y en cambios de trabajo. Deje que la economía se vaya a pique o que los chicos se muden al norte y tendremos un tiempo de lamento. Cuando nuestro Maestro nos explica qué está ocurriendo, reaccionamos como si estuviera hablando en yalunka. No comprendemos una palabra de lo que dice.

   A. ¿Cómo reacciona usted normalmente cuando encuentra dificultades inesperadas? ¿Se lamenta? Explique.

   B. Describa una ocasión en que usted no pudo comprender lo que Dios estaba haciendo en su vida. En retrospectiva, ¿qué cree ahora que Dios pudo haber estado haciendo?

   C. ¿Es «húmedo y absurdo» su mundo actual? Explique. ¿Qué ha aprendido que le pueda ayudar a superar este momento?

2. Más profecías del Antiguo Testamento se cumplieron durante la crucifixión que en cualquier otro día. Veintinueve de ellas

—la más reciente de hace quinientos años— se cumplieron el día de la muerte de Cristo.

A. ¿Le anima o inspira en su fe comprender cuántas profecías antiguas cumplió Cristo mientras estaba en la cruz? ¿Por qué, o por qué no?

B. ¿Ha hecho usted alguna vez un estudio sobre profecía cumplida? De no ser así, ¿por qué?

3. No llame a Jesús una víctima de circunstancias. ¡Llámelo un orquestador de circunstancias! Él planificó las acciones de sus enemigos para cumplir la profecía, y tomó las lenguas de sus enemigos para declarar la verdad.

A. Piense en la historia del evangelio. ¿Cómo parece que Dios arregló las circunstancias para organizar el resultado que Él deseaba?

B. Si Dios organiza de veras lo que parecen ser trágicas circunstancias para el beneficio de su pueblo, ¿cómo debería eso afectar el modo en que usted vive? ¿Afecta esto su vida? Explique.

4. Le reto a usted a encontrar un elemento de la cruz que Dios no arregle para bien o recicle para simbolismo. Inténtelo. Creo que descubrirá lo que yo descubrí: Todo detalle oscuro fue en realidad un momento dorado en la causa de Cristo.

A. Tome el desafío de Max. ¿Qué descubre?

B. ¿Cómo cree usted que Dios puede tomar «todo detalle oscuro» de su propia vida y usarlo para un bien final?

EL CENTRO DE LA CIUDAD

1. Lea Mateo 26.24, 31, 54, 56; Juan 12.20-27; 13.18; 17.12.

A. ¿Qué tienen en común todos estos versículos?

B. ¿Por qué es importante para nosotros comprender que Jesús sabía exactamente lo que estaba sucediendo al acercarse el momento de su arresto?

C. ¿Qué confianza puede darle a su fe entender que Dios tiene las riendas de la historia?

2. Lea Juan 11.49-52.

   A. ¿Quién habló proféticamente en este pasaje (versículo 49)? ¿Por qué es esto extraño?

   B. ¿Qué cree usted que quiso transmitir por medio de esta afirmación quien habló? ¿Qué quiso Dios que estas palabras transmitieran (versículos 51-52)?

   C. ¿Cómo demuestra este incidente que Dios conduce la historia, incluida la de usted?

3. Lea Hechos 4.23-31.

   A. ¿Cómo el conocimiento de la profecía enmarcó la interpretación de los apóstoles acerca de la crucifixión de Jesús?

   B. ¿Animó a los apóstoles el cumplimiento de la profecía o los hizo temer? ¿Qué hicieron como resultado?

MEJORAMIENTO DE LA COMUNIDAD

Si quiere leer un relato en estilo periodístico apasionante de lo que ocurrió cuando Jesús fue a la cruz, consiga un ejemplar de *The Day Christ Died* [El día en que murió Cristo], de Jim Bishop. El autor utiliza técnicas modernas de reportaje e información histórica actualizada para pintar un fascinante cuadro de lo que ocurrió el día en que Jesús dio su vida por la humanidad.

CAPÍTULO 21
LA ALOCADA AFIRMACIÓN DE CRISTO

RECORRIDO POR EL VECINDARIO

1. Una tumba ocupada el Domingo le quitaría lo de bueno y santo al Viernes Santo.

   A. ¿Por qué una tumba ocupada el Domingo le quitaría lo de bueno y santo al Viernes Santo?

B. ¿Qué fue bueno acerca de la muerte de Cristo? ¿Por qué no pudieron los discípulos ver esto por adelantado?

2. La tumba vacía no rechaza la investigación honesta. Una lobotomía no es un requisito del discipulado. Seguir a Cristo exige fe, pero no fe ciega.

A. ¿Cómo es posible investigar la Crucifixión y la Resurrección dos milenios después de que los Evangelios dicen que ocurrieron?

B. Dé algunos ejemplos de preguntas inteligentes relacionadas con la verdad del cristianismo.

C. ¿Cuál es la diferencia entre fe y fe ciega? ¿Por qué una es válida y la otra no?

3. El valor de estos hombres y mujeres fue forjado en el fuego de la tumba vacía. Los discípulos no idearon una resurrección. Esta los animó. ¿Tiene usted dudas acerca de la tumba vacía? Venga y vea a los discípulos.

A. Compare las acciones y el comportamiento de los discípulos antes y después del Domingo de Resurrección. ¿Qué diferencias observa usted?

B. ¿Por qué es más difícil creer que los discípulos idearon la resurrección a que esta los inspiró?

4. Exactamente como pasajeros en el aeropuerto a punto de abordar un avión, debemos elegir cómo responder. O abordamos y confiamos en el piloto o intentamos llegar a casa por nuestra cuenta.

A. ¿Cómo tratan algunas personas de llegar a casa por su cuenta?

B. ¿Cómo demuestra usted su confianza en el «Piloto»? ¿Pueden los observadores ver esta confianza? Explique.

El centro de la ciudad

1. Lea Mateo 28.1-10.

A. ¿A quién dirigió el ángel sus comentarios en este pasaje (versículo 5)? ¿Por qué cree usted que no habló a los guardias?

B. ¿Qué dijo el ángel a las mujeres? ¿Qué les dijo que vieran (versículos 5-7)?

C. ¿Por qué cree usted que las mujeres se asustaron y también se llenaron de gozo ante las palabras del ángel (versículo 8)?

D. ¿Por qué cree que el Cristo resucitado les diría a sus discípulos que fueran a Galilea, donde Él se les aparecería? ¿Por qué no se les apareció donde ya estaban?

2. Lea Hechos 2.22-41.

A. ¿Cómo comienza Pedro sus comentarios sobre Jesús en este pasaje (versículo 2)? ¿Por qué empieza de este modo?

B. ¿Cómo interpreta Pedro el arresto y la crucifixión de Cristo (versículo 23)?

C. ¿Qué acontecimiento resalta Pedro en su sermón (versículos 24-32)?

D. ¿Cómo conecta Pedro este suceso con lo que acababa de ocurrir en Jerusalén (versículo 33)?

E. ¿Qué conclusión plantea Pedro en el versículo 36?

F. ¿Qué solución sugiere Pedro en los versículos 38-40?

3. Lea 1 Corintios 15.1-8, 12-20.

A. Enumere los puntos principales del «evangelio» que Pablo dijo que predicó.

B. ¿Qué conexión personal tuvo el apóstol con estos acontecimientos (versículo 8)?

C. ¿Por qué la resurrección de Cristo es fundamental para el mensaje del cristianismo (versículos 12-20)? ¿Qué pasa sin ella?

MEJORAMIENTO DE LA COMUNIDAD

La resurrección de Jesucristo forma la piedra angular de toda nuestra fe. Pero esa piedra angular no hace bien a las personas si no la conocen. ¿Cuándo fue la última vez que le habló a alguien acerca del grandioso Salvador que usted tiene? ¿Quién en su esfera de influencia necesita aún oír acerca de Jesús? Haga una lista de las primeras cinco personas en su vida que le lleguen a la mente. Comprométase a orar por ellas para que puedan invitar a Jesús a convertirse en su Salvador... y ore específicamente por cómo podría usted encajar en la introducción de lo que va a decirles.

CONCLUSIÓN
TODAVÍA EN EL VECINDARIO

RECORRIDO POR EL VECINDARIO

1. ¿Por qué tanta inmensidad? ¿Por qué tan vasto, inmensurable, inexplorado y «no utilizado» espacio? Para que usted y yo, ahora estupefactos, podamos emocionarnos con esta afirmación: «Todo lo puedo en Cristo que me fortalece» (Filipenses 4.13).

   A. ¿Cómo le hace sentir a usted la inmensidad del espacio? ¿Intimidado? ¿Minúsculo? Explique.

   B. ¿Cómo la inmensidad del espacio nos anima a creer que podemos hacer todo en Cristo que nos fortalece?

2. El Cristo de las galaxias es el Cristo de nuestros lunes. El Hacedor de las estrellas maneja nuestro itinerario de viaje. Tranquilo. Usted tiene un amigo en los lugares celestiales.

   A. ¿Le ayuda a tranquilizarse saber que Cristo gobierna el universo y le observa a usted? Explique.

   B. ¿Cuán cerca está usted de su amigo Jesús? ¿Podría llamarlo un mejor amigo? ¿Por qué, o por qué no?

3. Hasta en el cielo, Cristo permanece como nuestro Salvador vecino. Aun en el cielo, Él todavía es «Jesucristo... quien murió». El Rey del universo con lengua humana manda

cometas, y con mano humana dirige el tráfico celestial. Todavía humano. Todavía divino. Vive para siempre a través de sus dos naturalezas.

A. ¿Por qué es importante para nosotros recordar que Jesús permanece para siempre tanto humano como divino?

B. ¿Espera usted apretar la misma mano de su mismísimo y real Salvador? Explique.

4. Aunque está en el cielo, Cristo nunca ha dejado el vecindario.

A. ¿Cómo puede Jesús estar a la vez en el cielo y en su vecindario?

B. ¿Le ayuda a usted pensar en Jesús como un Salvador vecino? Explique.

EL CENTRO DE LA CIUDAD

1. Lea Romanos 8.34.

A. ¿Qué papel actual le asigna este versículo a Jesucristo?

B. ¿Cómo este papel le anima a usted a seguir adelante en su fe?

2. Lea Efesios 1.15-23.

A. ¿Qué peticiones hizo Pablo a Dios a favor de los efesios (versículos 17-19)?

B. ¿Qué aprende usted acerca de la resurrección de Cristo (versículos 19-20)?

C. ¿Qué aprende usted acerca de las actuales actividades de Cristo (versículos 20-22)?

D. ¿Cómo le afectan a usted estas verdades?

3. Lea Mateo 28.16-20.

A. ¿Por qué cree usted que cuando los discípulos vieron a Jesús después de su resurrección, la mayoría lo adoró pero algunos dudaron (versículo 17)? ¿De qué podían dudar?

B. ¿Cómo describe Jesús su posición en el versículo 18? ¿Qué importancia tiene esto para nosotros?

C. ¿Qué mandatos da Jesús a sus discípulos en los versículos 19-20? ¿Cómo está usted cumpliendo con estas instrucciones?

D. ¿Qué promesa hace Jesús en el versículo 20? ¿Cómo está esto diseñado para animarnos y fortalecernos?

MEJORAMIENTO DE LA COMUNIDAD

Pase algún tiempo en oración agradeciendo a Dios por enviar a su Hijo Jesucristo para ser su Salvador vecino. Agradézcale por los beneficios específicos que le ha concedido. Alábelo por su amabilidad al darle tan maravilloso Salvador. Además, pregúntele cómo podría usted hacer partícipes a otros del amor de su Salvador, ya sea bajo su propio techo o en su vecindario.

Notas

Capítulo 2 El tema musical de Cristo

1. Jeordan Legon, «From Science and Computers, a New Face of Jesus» [De la ciencia y las computadoras: un nuevo rostro de Jesús], 25 de diciembre de 2002. Encontrado en www.cnn.com/2002/TECH/science.

2. Dean Farrar, *The Life of Christ* [La vida de Cristo], Cassell & Company, Ltd., n.d., Londres, Inglaterra, p. 84.

Capítulo 3 Amigo de fracasados

1. Gracias a Landon Saunders por contarme esta historia.

Capítulo 6 Terapia de saliva

1. Joni Eareckson Tada y otros, *When Morning Gilds the Skies Hymns of Heaven and Our Eternal Hope* [Cuando la mañana dora los cielos: Himnos celestiales y nuestra esperanza eterna], Crossway Books, Wheaton, Ill., 2002, pp. 23-24, usado con permiso.

Capítulo 7 Lo que Jesús dice en los funerales

1. Usado con permiso de Karen y Bill Davis.

2. Billy Spregue, *Letter to a Grieving Heart Comfort and Hope for Those Who Hurt* [Carta a un corazón que sufre: Consuelo y esperanza para los heridos], Harvest House, Eugene, Oreg., 2001, p. 9.

Notas

Capítulo 8 *La salida del infierno*
1. Nombre ficticio.
2. Linda Dillow y Lorraine Pintus, *Gift-Wrapped by God Secret Answers to the Question, «Why Wait?»* [Regalo envuelto por Dios: Respuestas secretas a la pregunta: «¿Por qué esperar?»], WaterBrook Press, Colorado Springs, Colo., 2002, Usado con permiso.

Capítulo 9 *No depende de usted*
1. John MacArthur, hijo, *The MacArthur New Testament Commentary Mattew 8-15* [Comentario MacArthur del Nuevo Testamento: Mateo 8-15], Press, 1987, pp. 281-283.

Parte dos *No hay lugar adonde Jesús no vaya*
1. Paul Aurandt, *Destiny and 102 Other Real-Life Mysteries* [El destino y 102 misterios más de la vida real], Bantam Books, Nueva York, 1983, p. 225.

Capítulo 11 *A Jesús le encanta estar con quienes ama*
1. Maxie Dunnam, *This Is Christianity* [Esto es cristianismo], Abingdon Press, Nashville, 1994, pp. 60-61.

Capítulo 13 *Una cura para la vida común*
1. Dean Farrar, *The Life of Christ* [La vida de Cristo], Cassell and Co., Ltd., Londres, 1906, p. 57.
2. George Connor, Comp., *Listening to Your Life Daily Meditations with Frederick Buechner* [Escuche a su vida: Meditaciones diarias con Frederick Buechner], Harper & Row Publishers, San Francisco, 1992, p. 2.
3. Destiny se fue al lado de Jesús el 3 de diciembre de 2002.

Capítulo 14. Ah, libre de PDP

1. Tomado de Don Stephens, «Of Mercy-and Peanut Butter [De Mercy... y la mantequilla de maní]» The Mercy Minute, en www.mercyships.org/mercyminute/vol5/mmv5-32.htm, y de Harold S. McNabb Jr., «*Inspirational Thoughts from the Legacy of George Washington Carver* [Pensamientos inspiradores del legado de George Washington Carver]», discurso en la Universidad Estatal de Iowa.

Capítulo 15. De peatón a dueño de auto

1. Mis agradecimientos a Bob Russell por contar esta historia.

Capítulo 17 Dios se mete en las cosas

1. Ann Coulter, «Dressing for Distress» [Vestido para la aflicción], 24 de octubre de 2001, encontrado en www.worldnetdaily.com
2. Frederick Dale Bruner, *The Churchbook Matthew 13-28* [El libro de la iglesia: Mateo 13-28], volumen 2 de *Matthew A Commentary by Frederick Dale Bruner* [Mateo: Comentario de Frederick Dale Bruner], Word Publishing, Dallas, 1990, p. 534.

Capítulo 18 ¿Esperanza o espectáculo?

1. «Hijo amado» es la traducción de *agapetos*, «el absolutamente único y solo».
2. S. Lewis, *Mere Christianity* [Cristianismo y nada más], MacMillan, Nueva York, 1952, p. 56.

Capítulo 19· ¡Abandonado!

1. Matthew Henry, *Matthew to John* [De Mateo a Juan], volumen 5 de *Matthew Henry's Commentary on the Whole Bible* [Comentario bíblico de Matthew Henry], Fleming H. Revell Company, Old Tappan, N. J., 1985, p. 428.

2. Walter Bauer, *A Greek-English Lexicon of the New Testament* [Léxico griego e inglés del Nuevo Testamento], traducido por William F. Arndt y F. Wilbur Gingrich, Universidad de Chicago, Chicago, 1979, p. 50.

Capítulo 20 El golpe de gracia maestro de Cristo
1. Josh McDowell, *The New Evidence That Demands a Verdict* [Nueva evidencia que exige un veredicto], Thomas Nelson, Nashville, 1999, p. 193.
2. Ibíd., pp. 186, 189, 192.

Capítulo 21 La alocada afirmación de Cristo
1. Peter Lewis, The Glory of Christ [La gloria de Cristo], Hodder & Stoughton, Londres, Inglaterra, 1992, p. 342.

Conclusión Todavía en el vecindario
1. John Piper, *Seeing and Savoring Jesus Christ* [Cómo ver y saborear a Jesucristo], Crossway Books, Wheaton, Ill., 2001, p. 19.
2. John MacArthur, hijo, *The MacArthur New Testament Commentary Colossians and Philemon* [Comentario MacArthur del Nuevo Testamento: Colosenses y Filemón], Moody Press, Chicago, 1992, p. 48.
3. Piper, obra citada, p, 19.
4. MacArthur, hijo, obra citada, p. 47.
5. Peter Lewis, obra citada, p. 135.
6. Charles J., Rolls, *Time's Noblest Name The Names and Tiles of Jesus Christ* [El nombre más noble de la historia: Nombres y títulos de Jesucristo], Loizeaux Brothers, Neptune, N.J., 1985, pp. 84-86.